Vom Ursprung sittlicher Erkenntnis.

Vom Ursprung
sittlicher Erkenntnis.

Von

Franz Brentano.

Leipzig,
Verlag von Duncker & Humblot.
1889.

Das Recht der Übersetzung ist vorbehalten.

Vorwort.

Was ich hier vor ein größeres Publikum bringe, ist ein Vortrag, den ich am 23. Januar 1889 in der Wiener Juristischen Gesellschaft hielt. Er führte den Titel „Von der natürlichen Sanktion für recht und sittlich". Diesen habe ich, um den Inhalt deutlicher hervortreten zu lassen, vertauscht, sonst aber kaum eine Änderung getroffen. Nur zahlreiche Anmerkungen wurden hinzugefügt, und ein früher schon veröffentlichter Aufsatz „Miklosich über subjektlose Sätze" beigegeben. In welcher Weise er sich mit scheinbar so fern abliegenden Untersuchungen berührt, wird man in ihrem Verlauf von selbst erkennen.

Den Anlaß zu dem Vortrag gab eine Einladung, die Baron von Hye als Obmann der Gesellschaft an mich gerichtet hatte. Es war sein Wunsch, daß was Jhering in seiner Rede „Über die Entstehung des Rechtsgefühls" vor wenigen Jahren hier besprochen, im selben Kreise auch von anderem Standpunkt beleuchtet werden möge. Man würde irren, wenn man um des zufälligen Anstoßes willen den Vortrag für ein flüchtiges Werk der Gelegenheit hielte. Er bietet Früchte von jahrelangem Nachdenken. Unter allem, was ich bisher veröffentlicht, sind seine Erörterungen wohl das gereifteste Erzeugnis.

Sie gehören zum Gedankenkreise einer „Deskriptiven Psychologie", den ich, wie ich nunmehr zu hoffen wage, in nicht ferner Zeit seinem ganzen Umfange nach der Öffentlichkeit erschließen kann. Man wird dann an weiten Abständen von allem Hergebrachten, und insbesondere auch an wesentlichen Fortbildungen eigener, in der „Psychologie vom empirischen Standpunkt" vertretener Anschauungen genugsam erkennen, daß ich in meiner langen litterarischen Zurückgezogenheit nicht eben müßig gewesen bin.

Auch in diesem Vortrage wird dem Philosophen von Fach manches sofort als neu auffällig sein. Dem Laien mag sich bei der Raschheit, mit der ich ihn von Frage zu Frage führe, manche Klippe, die umschifft, mancher Abgrund, der umgangen werden mußte, zunächst ganz und gar verbergen; wenn irgendwer, mußte ich, bei so gedrängter Kürze, eines Wortes von Leibniz gedenken und wenig auf widerlegen, viel auf darlegen bedacht sein. Bei einem Blick in die Anmerkungen — obwohl sie, hierfür alles zu leisten, einer hundertfältigen Vermehrung bedürften — wird dann auch ihm etwas mehr von den Abwegen offenbar, die so viele verlockten und den Ausgang aus dem Labyrinth nicht finden ließen. Bis dahin wäre es mir nur willkommen — ja ich würde darin die Krone meines Strebens sehn — wenn ihm alles Gesagte so selbstverständlich erschiene, daß er mir dafür nicht einmal zum Danke sich verpflichtet glaubte.

Keiner hat die Erkenntnisprincipien der Ethik so bestimmt, wie es hier auf Grund neuer Analysen geschehn mußte; keiner insbesondere, der das Gefühl bei der Grundlegung beteiligt glaubte, so principiell und vollständig mit dem ethischen Subjektivismus gebrochen. Nur Herbart nehme ich aus. Aber er verirrt sich ins Ästhetische, und alsbald finden wir ihn soweit vom Wege abgekommen, daß er — in der theoretischen Philosophie der unversöhnliche Feind des Widerspruchs — in der praktischen Philosophie es verträgt, wenn die höchsten, allgemeingültigen Ideen miteinander in Konflikt geraten. Immerhin bleibt seine Lehre in gewisser Hinsicht der meinigen wahrhaft verwandt, während von andern Seiten andere berühmte ethische Versuche sich mannigfach mit ihr berühren.

In den Anmerkungen wird auch einzelnes schärfer bestimmt, dessen genaueste Durchführung für den Vortrag zu langwierig geworden wäre. Manchem schon erhobenen Einwurf trete ich entgegen, manchem zu erwartenden Bedenken suche ich vorzubeugen. Auch hoffe ich, man werde sich für einige historische Beiträge interessieren; so namentlich für die Untersuchungen über Descartes, wo ich seine Lehre von der Evidenz auf ihre Ursachen zurückführe und auf zwei sehr bedeutende Gedanken hinweise, welche, der eine mißkannt, der andere kaum bemerkt, beide nicht genügend gewürdigt worden sind. Ich meine seine Grundeinteilung der psychischen Phänomene und seine Lehre von der Beziehung der Liebe zur Freude und des Hasses zur Traurigkeit.

Mit mehreren hochangesehenen und von mir gewiß nicht am wenigsten geschätzten Forschern der Gegenwart stoße ich polemisch zusammen; am härtesten wohl mit solchen, deren vorgängiger Angriff mir die Verteidigung aufnötigt. Ich hoffe, sie betrachten es nicht als eine Verletzung ihrer Ansprüche, wenn ich der Wahrheit, der wir gemeinsam dienen, nach Kräften zu ihrem Rechte zu verhelfen suche. Auch darf ich versichern, daß mir, wenn ich selbst freimütig spreche, auch jedes aufrichtige Wort des Gegners immer von Herzen willkommen ist.

Franz Brentano.

Inhalt.

Vom Ursprung sittlicher Erkenntnis.

Ein Vortrag.

Seite
1. Wert der Geschichte und Philosophie für die Jurisprudenz; die neuen Vorschläge zur Reform der juridischen Studien in Österreich   3
2. Unser Thema; Beziehung zu Jherings Vortrag in der Wiener Juristischen Gesellschaft   4
3. Zweifacher Sinn des Ausdrucks „natürliches Recht"   4
4. Punkte der Übereinstimmung mit Jhering; Verwerfung des „jus naturae" und „jus gentium"; vorethische politische Satzungen . .   5
5. Gegensatz zu Jhering. Es giebt ein allgemeingültiges, natürlich erkennbares Sittengesetz. Relative Unabhängigkeit der Frage . .   6
6. Der Begriff „natürliche Sanktion"   7
7. Vielfache Verkennung desselben durch die Philosophen   8
8. Gewöhnlich sich entwickelnder Drang des Gefühls als solcher ist keine Sanktion   8
9. Motive der Hoffnung und Furcht als solche sind noch nicht Sanktion   8
10. Der Gedanke an das Willensgebot einer höheren Macht ist nicht die natürliche Sanktion   9
11. Die ethische Sanktion ist ein Gebot ähnlich der logischen Regel . . 10
12. Der ästhetische Standpunkt. Sowenig in der Logik, sowenig kann er in der Ethik der richtige sein 10
13. Kants kategorischer Imperativ eine unbrauchbare Fiktion 11
14. Notwendigkeit psychologischer Voruntersuchungen 12
15. Kein Wollen ohne letzten Zweck 12
16. Die Frage: welcher Zweck ist richtig? ist die Hauptfrage der Ethik 12
17. Der richtige Zweck ist das Beste unter dem Erreichbaren; Dunkelheit dieser Bestimmung 13

	Seite
18. Vom Ursprung des Begriffes des Guten; er stammt nicht aus dem Gebiete der sogenannten äußern Wahrnehmung	14
19. Der gemeinsame Charakterzug alles Psychischen	14
20. Die drei Grundklassen der psychischen Phänomene: Vorstellung, Urteil, Gemütsbewegung	14
21. Die Gegensätze von Glauben und Leugnen, Lieben und Hassen	16
22. Von den entgegengesetzten Verhaltungsweisen ist immer eine richtig, eine unrichtig	17
23. Der Begriff des Guten	17
24. Scheidung des Guten im engern Sinn von dem um eines andern willen Guten	17
25. Liebe beweist nicht immer Liebwürdigkeit	18
26. Blindes und einsichtiges Urteil	18
27. Analoger Unterschied auf dem Gebiete des Gefallens und Mißfallens; Kriterium des Guten	20
28. Vielheit des Guten; Fragen, die sich hieran knüpfen	22
29. Ob unter dem „Besseren" das zu verstehen sei, was mit mehr Intensität geliebt zu werden verdiene	22
30. Richtige Bestimmung des Begriffes	23
31. Wann und wie erkennen wir, daß etwas in sich selbst vorzüglich ist? der Fall des Gegensatzes, des Mangels, der Addition zu Gleichem	24
32. Fälle, wo die Frage unlösbar ist	26
33. Ob der Hedoniker in dieser Beziehung im Vorteil sein würde	27
34. Warum sich die Mängel weniger, als man besorgen sollte, nachteilig erweisen	28
35. Das Bereich des höchsten praktischen Gutes	29
36. Die harmonische Entwickelung	29
37. Die natürliche Sanktion von Rechtsgrenzen	30
38. Die natürliche Sanktion für positive Sittengesetze	30
39. Die Macht der natürlichen Sanktion	31
40. Wahre und falsche Relativität ethischer Regeln	31
41. Ableitung bekannter specieller Vorschriften	33
42. Warum andere Philosophen auf anderen Wegen zum gleichen Ziele gekommen sind	33
43. Woher die allgemein verbreiteten ethischen Wahrheiten stammen. Unklarheit über Vorgänge im eigenen Bewußtsein	34
44. Spuren des Einflusses der einzelnen hervorgehobenen Momente	35
45. Niedere Strömungen, die einen Einfluß üben	38
46. Man muß sich hüten den Unterschied ethischer und pseudo-ethischer Entwickelung zu verkennen	39
47. Wert solcher Entwickelungen in der vorethischen Zeit: Herstellung socialer Ordnung; Bildung von Dispositionen; Gesetzesentwürfe für die legislative ethische Gewalt; Verhütung von schablonisierendem Doktrinarismus	40

	Seite
48. Segensreiche Einwirkungen, die noch fort und fort von dieser Seite geübt werden	42
49. Nochmals von der Reform der juridisch-politischen Studien	42

Anmerkungen.

13. Zur Verteidigung meiner Charakteristik von Herbarts ethischem Kriterium	48
14. Über Kants kategorischen Imperativ	48
16. Die Nikomachische Ethik und Jherings „Grundgedanke" in seinem Werke „Der Zweck im Recht"	50
17. Von den Fällen geringerer Chancen beim Streben nach höherem Ziele	50
18. Von der Abhängigkeit der Begriffe von konkreten Anschauungen	50
19. Der Terminus „intentional"	51
21. Die Grundeinteilung der psychischen Phänomene bei Descartes	51
22. Windelbands Irrtum hinsichtlich der Grundeinteilung der psychischen Phänomene; kurze Abwehr mannigfacher auf meine „Psychologie vom empirischen Standpunkt" gemachter Angriffe; Land, on a supposed improvement in formal Logic; Steinthals Kritik meiner Lehre vom Urteil	55
23. Zur Kritik von Sigwarts Theorieen vom existentialen und negativen Urteil	60
24. Descartes über die Beziehung von „Liebe" zu „Freude" und „Haß" zu „Traurigkeit"	74
25. Von den Begriffen der Wahrheit und Existenz	75
26. Von der Einheit des Begriffes des Guten	77
27. Von der Evidenz; die „clara et distincta perceptio" bei Descartes; Sigwarts Lehre von der Evidenz und seine „Postulate"	77
28. Vom ethischen Subjektivismus. — Das Versehen des Aristoteles in betreff der Erkenntnisquelle des Guten; Parallele zwischen seinem Irrtum hinsichtlich der Gemütsthätigkeit und der Lehre Descartes' von der clara et distincta perceptio als Vorbedingung des logisch gerechtfertigten Urteils; spätere Anklänge an diese Lehre	84
29. Von den Ausdrücken „gut gefallen" und „schlecht gefallen"	91
31. Ausgezeichneter Fall eines konstanten geometrischen Verhältnisses psychischer Werte	91
32. Fälle, in welchen etwas zugleich gefällt und mißfällt	92
33. Feststellung allgemeiner Gesetze von Wertschätzung auf Grund einer einzigen Erfahrung	93
34. Gewisse Momente der ethischen Erkenntnistheorie sind für die Theodicee mehr als für die Ethik selbst von Wichtigkeit	93
35. Erläuterung der Weise, wie etwas in gewissen Fällen als das Vorzügliche erkannt wird	93

	Seite
36. Die zwei in ihrer Art einzigen Fälle, in welchen uns aus dem Charakter der Bevorzugung die Vorzüglichkeit klar wird	94
39. Gauß über die Messung von Intensitäten.	96
40. Gegen übergroße Erwartungen von dem sogenannten psychophysischen Gesetze	96
41. Abwehr des Vorwurfs zu großer ethischer Strenge.	97
42. Die Nächstenliebe im Einklang mit der größeren Fürsorge für das Eigene	98
43. Warum die Beschränktheit menschlicher Voraussicht den ethischen Mut nicht lähmen darf.	99
44. Zur Kritik von Jherings Auffassung des Rechtsbegriffes und seiner Beurteilung älterer Bestimmungen	99
45. Von der interimistischen ethischen Sanktion verwerflicher Gesetze.	103
60. Selbstwiderspruch Epikurs	104
64—65. Belege für das Gesetz der Addition zu Gleichem; Zeugnisse dafür in der Lehre der Stoa, bei den theistischen Hedonikern und in dem Verlangen nach Unsterblichkeit; Helmholtz	105
67. Die großen Theologen sind Gegner der Willkür des gottgegebenen Sittengesetzes	106
68. Die Lehre von dem Unterschied zwischen blindem und evidentem Urteil bei J. St. Mill.	106

Die im Verzeichnis fehlenden Nummern enthalten nur litterarische Nachweisungen.

Miklosich über subjektlose Sätze.

Beilage zu S. 16 und S. 60.

I. Kurze Darlegung des wesentlichen Inhalts von Miklosichs Abhandlung	111
II. Kritische Bemerkungen	116

Druckfehler-Berichtigung.

S. 23 statt **35** lies **24**.
S. 25 statt **36** lies **35**.
S. 27 statt **37** lies **36** und statt **38** lies **37**.
S. 28 statt **39** lies **38**, statt **40** lies **39**, statt **41** lies **40**.
S. 29 statt **42** lies **41** und Zeile 13 von unten füge hinter „**zu lieben sein**" **42**.

Vom Ursprung sittlicher Erkenntnis.

Ein Vortrag.

---

1. Die Einladung zu einem Vortrage, welche die Juristische Gesellschaft an mich ergehen ließ, verpflichtete mich um so mehr als sie in kräftigen Worten einer Überzeugung Ausdruck gab, die leider im Schwinden begriffen scheint. Hörte man doch jüngst von Vorschlägen zur Reform der juridischen Studien (und sie sollten sogar von Universitätskreisen ausgegangen sein), die geradezu meinten, man könne die Wurzeln, welche die Jurisprudenz in das Gebiet der praktischen Philosophie und in das der vaterländischen Geschichte senkt, abschneiden, ohne daß der Organismus wesentlichen Schaden leiden würde.

Was die Geschichte betrifft, so ist, ich gestehe es, dieser Rat mir zunächst völlig unbegreiflich; was aber die Philosophie anlangt, so kann ich ihn nur etwa damit entschuldigen, daß die Männer, die gegenwärtig die juridischen Lehrstühle einnehmen einen tiefen, traurigen Eindruck von den Verirrungen jüngst vergangener Decennien empfangen haben. So soll ein persönlicher Vorwurf sie nicht treffen. Thatsächlich aber waren jene Ratschläge ganz ebenso weise, wie wenn eine medizinische Fakultät aus ihrem obligaten Studienplan die Zoologie und die Physik und Chemie zu streichen beantragen wollte.

Wenn Leibniz in seiner Vita a se ipso lineata von sich erzählt: „ich gewahrte, daß mir aus meinen vorausgegangenen Studien der Geschichte und Philosophie eine große Erleichterung zur Erlernung der Rechtswissenschaft erwuchs"; und wenn er in seinem Specimen difficultatis in jure, die Vorurteile der zeitgenössischen Juristen beklagend, ausruft: „o daß doch die Rechtsbeflissenen von ihrer Verachtung der Philosophie zurückkämen und einsähen, daß ohne Philosophie die meisten Fragen ihres Jus ein Labyrinth ohne Ausgang sind": was würde er, wenn er heute auferstände, zu diesen rückläufigen Reformbewegungen sagen?

2. Der würdige Obmann der Gesellschaft, der einen so frischen, freien Sinn für die wahren wissenschaftlichen Bedürfnisse seines Standes sich gewahrt hat, äußerte mir auch über das zu wählende Thema seine besonderen Wünsche. Die Frage nach dem Bestand eines natürlichen Rechtes, sagte er, sei ein Gegenstand, der in dem Kreise der Juristischen Gesellschaft eines vorzüglichen Interesses sich erfreue, und er selbst sei begierig zu sehen, in welcher Weise ich zu den Ansichten, die Ihering vor einigen Jahren hier ausgesprochen[1], Stellung nehmen werde.

Gerne willigte ich ein, und habe darum als Thema meines Vortrags die natürliche Sanktion für recht und sittlich bezeichnet, indem ich dadurch zugleich andeuten wollte, in welchem Sinne allein ich an ein natürliches Recht glaube.

3. Denn eine zweifache Bedeutung kann hier mit dem Worte „natürlich" verknüpft werden:
1. kann es soviel sagen wie „naturgegeben", „angeboren", im Gegensatze zu dem, was erst durch Ableitung oder Erfahrung in geschichtlicher Entwickelung erworben wird;
2. kann es, im Gegensatze zum willkürlich, durch positiven Machtspruch Bestimmten, die Regel bedeuten, welche an und für sich und ihrer Natur nach als richtig und bindend erkennbar ist.

Ihering hat in dem einen und andern Sinn das natürliche Recht verworfen[2]. Ich meinerseits stimme mit ebenso kräftiger

Überzeugung in dem **einen** Punkt ihm bei, als ich in dem andern ihm widerspreche.

4. Ich bin vollkommen mit Jhering einig, wenn er nach dem Vorgange von John Locke alle angeborenen Moralprincipien leugnet.

Noch mehr, mit ihm glaube ich weder an das barocke jus naturae, i. e. quod natura ipsa omnia animalia docuit, noch an das jus gentium, an ein Recht, welches durch die allgemeine Übereinstimmung der Völker als natürliches Vernunftrecht gekennzeichnet ist, wie die römischen Rechtslehrer es faßten.

Man braucht in die Zoologie und Physiologie nicht eben tief hineingeblickt zu haben, um die tierische Lebewelt nicht mehr bei der Aufstellung sittlicher Normen als Kriterium zu benützen, wenn man auch nicht gerade mit Rokitansky soweit gehen wird, das Protoplasma mit seinem aggressiven Charakter für ein ungerechtes und böses Princip zu erklären.

Was aber jenen gemeinsamen Rechtskodex aller Völker anlangt, so war der Glaube daran ein Wahn, der in der antiken Welt sich halten mochte; die moderne Zeit, die bei erweitertem ethnographischen Horizont die barbarischen Sitten zum Vergleich heranzieht, kann dagegen in jenen Satzungen nicht mehr ein Produkt der Natur, sondern nur noch ein den vorgeschritteneren Völkern gemeinsames Kulturprodukt erkennen.

In allem dem bin ich also mit Jhering einverstanden; und ich stimme ihm auch wesentlich bei, wenn er behauptet, es habe Zeiten ohne jeden Anflug von ethischer Erkenntnis und ethischem Gefühl gegeben; jedenfalls war damals nichts der Art ein Gemeingut.

Ja ich erkenne unbedenklich an, daß dieser Zustand auch dann noch fortdauerte, als größere Gesellschaften mit staatlicher Ordnung sich gebildet hatten. Wenn Jhering zu diesem Behufe auf die griechische Mythologie und ihre Götter und Göttinen ohne jedes moralische Denken und Fühlen hinweist, indem er meint, aus dem Leben der Götter könne man auf das Leben der Menschen in der Zeit der Mythenbildung schließen[3], so bedient er sich eines Beweismittels, das schon Aristoteles in seiner Politik in ähnlicher Weise verwertete[4]. Also auch dies müssen wir ihm zugeben, und werden darum auch nicht mehr leugnen, daß die ersten politischen Satzungen mit unterstützender Strafgewalt ohne jeden Einfluß eines ethischen Rechtsgefühls festgestellt worden sind. Es giebt also keine natürlichen sittlichen Vorschriften und Rechtssätze in dem Sinne, daß sie uns mit der Natur selbst gegeben, daß sie uns angeboren wären; in dieser Hinsicht haben Jherings Ansichten unsern vollen Beifall.

5. Aber nun tritt die andere, viel wichtigere Frage an uns heran: giebt es eine unabhängig von aller kirchlichen und politischen und überhaupt von aller socialen Autorität durch die Natur selbst gelehrte sittliche Wahrheit? giebt es ein natürliches Sittengesetz in dem Sinne, daß es, seiner Natur nach allgemeingültig und unumstößlich, für die Menschen aller Orte und aller Zeiten, ja für alle Arten denkender und fühlender Wesen Geltung hat, und fällt seine Erkenntnis in das Bereich unserer psychischen Fähigkeiten? — Hier sind wir an der Stelle, wo ich mich mit Jhering vereinige. Dem „Nein", das er auch hier spricht, setze ich ein entschiedenes „Ja" entgegen. Und wer von uns hier im Rechte sei, das wird hoffentlich unsere heutige Untersuchung über die natürliche Sanktion für sittlich und recht ins klare setzen.

Jedenfalls ist mit der Entscheidung der vorigen Frage, wie auch immer Jhering selbst das Gegenteil zu glauben scheint[5], dieser in gar keiner Weise präjudiciert. Es giebt angeborene Vorurteile; diese sind natürlich im ersten Sinne: aber es fehlt ihnen die natürliche Sanktion; sie haben, wahr oder falsch, zunächst keine Gültigkeit. Es giebt andererseits viele Sätze, die, auf natürlichem Wege erkannt, als unumstößlich feststehn, allgemeingültig für alle denkenden Wesen, die aber, wie z. B. schon der pythagoreische Lehrsatz, nichts weniger als angeboren sind, sonst hätte nicht der beglückte erste Entdecker dem Gotte seine Hekatombe geopfert.

6. In dem Gesagten habe ich klar genug zu erkennen gegeben, wie ich, wenn ich von natürlicher Sanktion spreche, den Begriff der Sanktion fasse. Dennoch wird es gut sein noch einen Augenblick zu verweilen, um eine andere, ungenügende Fassung auszuschließen.

„Sanktion" heißt „Festigung". Ein Gesetz kann nun in einem doppelten Sinn gefestigt werden:
1. indem es als solches festgestellt wird, wie wenn die Bestätigung eines Gesetzentwurfs durch die höchste legislative Autorität ihm Gültigkeit verleiht;
2. indem es durch Beifügung von Straf-, vielleicht auch Lohnbestimmungen wirksamer gemacht wird.

In dem letzteren Sinn hat man in der antiken Zeit von Sanktion gesprochen, wie z. B. Cicero[6] von den leges Porciae sagt: „neque quicquam praeter sanctionem attulerunt novi" oder Ulpian[7]: „interdum in sanctionibus adjicitur, ut, qui ibi aliquid commisit, capite puniatur". In dem ersteren ist bekanntlich in der modernen Zeit das Wort üblicher; man nennt ein Gesetz „sanktioniert", wenn es durch die allerhöchste Bestätigung Gültigkeit erlangt hat.

Offenbar setzt die Sanktion im zweiten Sinn die im ersten Sinne voraus, und diese ist das Wesentlichere; denn ohne sie wäre das Gesetz gar nicht wahrhaft Gesetz. Und eine solche natürliche Sanktion wird darum auch vor allem Bedürfnis sein, wenn überhaupt etwas von Natur als recht oder sittlich gelten soll.

7. Vergleicht man nun damit, was die Philosophen über die natürliche Sanktion des Sittlichen gesagt haben, so bemerkt man leicht, wie sie oft das Wesentlichste übersahen.

8. Manche meinen, sie hätten für eine gewisse Verhaltungsweise eine natürliche Sanktion gefunden, wenn sie nachwiesen, daß ein gewisser Drang des Gefühls, so zu verfahren, sich in dem Menschen zu entwickeln pflege; wie z. B., da jeder andern diene, um Gegendienste zu empfangen, zuletzt sich eine Gewohnheit herausbilde, solche Dienste zu leisten, auch wo an gar keine Vergeltung gedacht werden könne[8]. Das wäre dann die Sanktionierung der Nächstenliebe.

Aber diese Behauptung ist gänzlich verfehlt. Ein solcher Drang wäre wohl eine Kraft, die wirkt, doch nimmermehr eine Sanktion, die gültig macht. Auch die lasterhafte Neigung entwickelt sich nach denselben Gesetzen der Gewohnheit und übt als Drang oft die unbeschränkteste Herrschaft aus. Der Drang des Geizigen, der ihn für die Anhäufung von Reichtümern die größten Opfer bringen und die härtesten Grausamkeiten begehen läßt, ist gewiß keine Sanktion seines Verhaltens.

9. Auch Motive der Hoffnung und Furcht, daß ein gewisses Betragen, z. B. eine Berücksichtigung des allgemeinen Besten, uns anderen und Mächtigen angenehm oder unangenehm machen werde, hat man oft als Sanktion dafür bezeichnen wollen[9]. Aber es ist offenbar, daß die feigste Kriecherei, die servilste Speichelleckerei dann auch einer natürlichen Sanktion sich rühmen könnten. Thatsächlich bewährt sich die Tugend am meisten da, wo weder Einschüchterungen noch Verheißungen sie von dem rechten Wege ablenken.

10. Manche sprechen von einer Erziehung, welche der Mensch, der ja zu den Lebewesen gehört, die in Gesellschaft zu leben pflegen, durch die, mit welchen er umgehe, empfange. Wiederum und wiederum wird eine Forderung, ein Gebot: du sollst! an ihn gerichtet. Es liegt in der Natur der Sache, daß gewisse Handlungen ganz besonders oft und allgemein von ihm gefordert werden. Und da bildet sich denn eine Association zwischen der Handlungsweise und dem Gedanken: „du sollst!". Dabei mag es sein, daß er sich als die gebietende Macht die Gesellschaft, in welcher er lebt, oder auch unbestimmter etwas Höheres als die eigene, einzelne menschliche Person, also, man könnte sagen, etwas in gewisser Weise Übermenschliches denkt. Dieses für ihn daran geknüpfte Soll wäre nun die Sanktion des Gewissens [10].

Es läge also hier die natürliche Sanktion in der auf natürlichem Wege sich entwickelnden Überzeugung von dem Gebot eines mächtigeren Willens.

Aber es ist offenbar, daß in einer solchen Überzeugung von dem Gebot eines Mächtigeren noch nichts gegeben ist, was den Namen der Sanktion verdient. Sie hat auch derjenige, welcher sich in den Händen eines Tyrannen oder einer Räuberbande weiß. Mag er Folge leisten, mag er Trotz bieten: ihr Gebot ist nicht, was der geforderten Handlung eine Sanktion, ähnlich der des Gewissens, erteilte. Auch wenn er gehorcht, gehorcht er aus Furcht, nicht weil er das Gebot als zu Recht bestehend betrachtete.

Nein, der Gedanke, es sei von jemand geboten, kann die natürliche Sanktion nicht sein. Bei jedem Gebot eines fremden Willens erhebt sich die Frage: ist es berechtigt oder unberechtigt? Und die Frage richtet sich dann nicht auf ein anderes, vielleicht von noch größerer Macht unterstütztes Gebot. Denn dann würde sie wiederkehren, und wir würden von dem Gebot zu einem Gebot, dem Gebot zu folgen, und dann zu einem dritten Gebote gelangen, welches dem Gebot, dem Gebote zu folgen, zu gehorchen geböte, und so fort ins unendliche.

Also, wie der Drang eines Gefühls und die Furcht und Hoffnung auf Vergeltung, so kann auch der Gedanke an ein Willensgebot unmöglich die natürliche Sanktion für recht und sittlich sein.

11. Doch es giebt Gebote auch noch in einem wesentlich andern Sinne; Gebote in der Bedeutung, in welcher man von Geboten der Logik spricht für unser Urteilen und Schließen. Nicht von dem Willen der Logik (die offenbar keinen Willen hat) noch von dem Willen der Logiker (denen wir in gar keiner Weise Treue geschworen haben) ist dabei die Rede. Die Gebote der Logik sind natürlich gültige Regeln des Urteilens, d. h. man hat sich darum an sie zu binden, weil das diesen Regeln gemäße Urteilen sicher, das von diesen Regeln abweichende Urteilen dem Irrtum zugänglich ist; es handelt sich also um einen natürlichen Vorzug des regelgemäßen vor dem regelwidrigen Denkverfahren. Um einen solchen natürlichen Vorzug und eine darin gründende Regel, nicht aber um ein Gebot fremden Willens wird es sich also auch bei dem Sittlichen handeln müssen. Und das ist, was Kant, aber auch die Mehrzahl der großen Denker vor ihm energisch betont haben, was aber trotzdem noch immer von vielen — und leider auch gerade von Anhängern der empirischen Schule, der ich selbst angehöre — nicht recht verstanden oder gewürdigt wird.

12. Worin aber soll dieser eigentümliche Vorzug des Sittlichen, der ihm die natürliche Sanktion giebt, liegen? Manche dachten ihn sozusagen äußerlich; sie glaubten, es sei der Vorzug schöner Erscheinung. Die Griechen nannten das edle, tugendhafte Betragen τὸ καλόν, das Schöne, und den vollkommenen Ehrenmann den καλοκἀγαϑός; doch hat von den antiken Den-

kern keiner diesen ästhetischen Standpunkt maßgebend gemacht. Dagegen hat unter den Modernen in England David Hume[11] von einem moralischen Schönheitssinn gesprochen, der über sittlich und unsittlich entscheide, und in jüngerer Zeit, unter den Deutschen, Herbart[12] die Ethik als einen Zweig der Ästhetik untergeordnet.

Ich will nun nicht leugnen, daß der Anblick der Tugend eine erfreulichere Erscheinung als die der sittlichen Verkehrtheit ist. Aber unmöglich kann ich zugeben, daß hierin der einzige und wesentliche Vorzug des sittlichen Verhaltens bestehe. Es wird vielmehr ein innerer Vorzug sein, der das sittliche Wollen vor dem unsittlichen auszeichnet, ähnlich wie es ein innerer Vorzug ist, der das wahre und einsichtige Urteilen und Schließen von den Vorurteilen und Fehlschlüssen unterscheidet. Auch hier läßt sich nicht leugnen, daß ein Vorurteil, ein Fehlschluß etwas Unschönes, ja oft etwas lächerlich Beschränktes an sich haben, was den von der Minerva so schlecht Begünstigten in unvorteilhaftester Positur vor uns erscheinen läßt: aber wer möchte darum die logischen Regeln unter die ästhetischen zählen und die Logik zu einem Zweig der Ästhetik machen[13]? Nein, der eigentliche logische Vorzug ist kein Vorzug ästhetischer Erscheinung, sondern eine gewisse innere Richtigkeit, welche dann einen gewissen Vorzug der Erscheinung mit sich führt. Und so wird es denn auch eine gewisse innere Richtigkeit sein, welche den wesentlichen Vorzug gewisser Akte des Willens vor andern und entgegengesetzten und den Vorzug des Sittlichen vor dem Unsittlichen ausmacht.

Der Glaube an diesen Vorzug ist ein ethisches Motiv; die Erkenntnis dieses Vorzugs das richtige ethische Motiv, die Sanktion, welche dem ethischen Gesetze Bestand und Gültigkeit verleiht.

13. Aber wie sollen wir fähig sein zu solcher Erkenntnis zu gelangen?

Hier liegt die Schwierigkeit, um deren Lösung man sich lange Zeit vergeblich bemühte. Noch Kant schien es, als ob keiner vor ihm das wahre Ende des Fadens gefunden habe, um von ihm aus den Knäuel zu entwirren. Sein kategorischer Imperativ sollte es sein. Aber er war vielmehr wie das Schwert, das Alexander zückte, um den gordischen Knoten zu durchhauen. Mit einer solchen offenbaren Fiktion läßt sich die Sache nicht richten [14].

14. Um uns den Einblick in den wahren Ursprung ethischer Erkenntnis zu eröffnen, wird es nötig sein etwas von den Resultaten neuerer Forschung auf dem Gebiete der deskriptiven Psychologie Kenntnis zu nehmen. Die Beschränktheit der Zeit nötigt mich, mich sehr kurz zu fassen, und ich habe Grund zu fürchten, es werde unter ihrer Knappheit die Vollkommenheit der Darstellung leiden. Dennoch muß ich gerade hier Ihre besondere Aufmerksamkeit erbitten, damit nicht das Wesentlichste dem Verständnis verloren gehe.

15. Als Subjekt des Sittlichen und Unsittlichen bezeichnet man den Willen. Was wir wollen, ist vielfach ein Mittel zu einem Zweck. Dann wollen wir, und gewissermaßen noch mehr, diesen Zweck. Der Zweck mag selbst oft Mittel zu einem ferneren Zwecke sein; ja bei einem weitschauenden Plane erscheint oft eine ganze Reihe von Zwecken, immer einer dem andern als Mittel zu- und untergeordnet. Immerhin wird ein Zweck da sein, der vor allem und um seiner selbst willen begehrt wird; ohne diesen eigentlichsten und letzten Zweck fehlte alle Triebkraft; wir hätten die Absurdität eines Zielens ohne Ziel.

16. Die Mittel, die wir ergreifen, um zu einem Zwecke zu gelangen, können verschieden und können bald die richtigen bald unrichtige Mittel sein. Richtig werden sie dann sein, wenn sie wirklich zu dem Zwecke zu führen geeignet sind.

Aber auch die Zwecke, und zwar die eigentlichsten und letzten Zwecke, können verschieden sein. Es ist ein Irrtum, der besonders im achtzehnten Jahrhundert auftauchte — heutzutage ist man davon mehr und mehr zurückgekommen — daß jeder dasselbe, nämlich seine eigene höchstmögliche Lust anstrebe[15]. Wer glauben kann, der Märtyrer für seine Überzeugung, der sich mit vollem Bewußtsein den entsetzlichsten Todesqualen aussetzt, — und es gab auch solche, die nicht auf jenseitige Vergeltung hofften — sei dabei nur von der Begier nach möglichst großer Lust getrieben: der hat eine höchst mangelhafte Vorstellung von den Thatsachen; sonst fürwahr müßte er jeden Maßstab für die Intensität von Lust und Schmerz verloren haben.

Also das steht fest: auch die letzten Zwecke sind verschieden; auch zwischen ihnen schwebt die Wahl; und sie ist — da der letzte Zweck ein für alles maßgebendes Princip ist — die wichtigste unter allen. Was soll ich erstreben? welcher Zweck ist richtig, welcher unrichtig? das ist darum, wie schon Aristoteles hervorhebt, die eigentlichste und hauptsächliche Frage der Ethik[16].

17. Welcher Zweck ist richtig? für welchen soll sich unsere Wahl entscheiden?

Wo der Zweck feststeht und es sich nur um die Wahl von Mitteln handelt, werden wir sagen: wähle Mittel, die wirklich zu dem Zwecke führen! Wo es sich um die Wahl von Zwecken handelt, werden wir sagen: wähle einen Zweck, der vernünftigerweise für wirklich erreichbar zu halten ist. Aber diese Antwort genügt nicht; manches Erreichbare ist vielmehr zu fliehen als zu erstreben: wähle das beste unter dem Erreichbaren! das wird also allein die entsprechende Antwort sein[17].

Aber sie ist dunkel; was heißt das, „das beste"? was nennen wir überhaupt „gut"? und wie gewinnen wir die Erkenntnis, daß etwas gut und besser ist als ein anderes?

18. Um diese Fragen in befriedigender Weise zu beantworten, müssen wir vor allem den Ursprung des Begriffs des Guten aufsuchen, der, wie der Ursprung aller unserer Begriffe, in gewissen konkret anschaulichen Vorstellungen liegt [18].

Wir haben anschauliche Vorstellungen **physischen** Inhalts; sie zeigen uns sinnliche Qualitäten, in eigentümlicher Weise räumlich bestimmt. Aus diesem Gebiet stammen die Begriffe der Farbe, des Schalles, des Raumes und viele andere. Der Begriff des Guten aber hat nicht hier seine Quelle. Es ist leicht zu erkennen, daß er, wie der des Wahren, der ihm als verwandt mit Recht zur Seite gestellt wird, den anschaulichen Vorstellungen **psychischen** Inhalts entnommen ist.

19. Der gemeinsame Charakterzug alles Psychischen besteht in dem, was man häufig mit einem leider sehr mißverständlichen Ausdruck Bewußtsein genannt hat, d. h. in einem subjektiven Verhalten, in einer, wie man sie bezeichnete, **intentionalen** Beziehung zu etwas, was vielleicht nicht wirklich, aber doch innerlich gegenständlich gegeben ist [19]. Kein Hören ohne Gehörtes, kein Glauben ohne Geglaubtes, kein Hoffen ohne Gehofftes, kein Streben ohne Erstrebtes, keine Freude ohne etwas, worüber man sich freut, und so im übrigen.

20. Wie bei den Anschauungen mit physischem Vorstellungsinhalt die sinnlichen Qualitäten, so zeigen bei denen mit psychischem Inhalt die intentionalen Beziehungen mannigfaltige Unterschiede. Und wie dort nach den tiefgreifendsten Unterschieden der sinnlichen Qualitäten (die Helmholtz Unterschiede der Modalität genannt hat) die Zahl der Sinne, so wird hier nach den tiefgreifendsten Unterschieden der intentionalen Beziehung die Zahl der Grundklassen der psychischen Phänomene festgestellt [20].

Danach giebt es drei Grundklassen. Descartes in seinen

Meditationen[21] hat sie zuerst richtig und vollständig aufgeführt; aber auf seine Bemerkungen wurde nicht genügend geachtet, und sie waren bald ganz in Vergessenheit geraten, bis in neuester Zeit die Thatsache unabhängig von ihm wieder entdeckt wurde. Sie darf wohl heutzutage als hinreichend gesichert gelten[22].

Die erste Grundklasse ist die der Vorstellungen im weitesten Sinne des Wortes (Descartes' ideae). Sie umfaßt die konkret anschaulichen Vorstellungen, wie sie uns z. B. die Sinne bieten, ebenso wie die unanschaulichsten Begriffe.

Die zweite Grundklasse ist die der Urteile (Descartes' judicia). Diese hatte man vor Descartes mit den Vorstellungen in einer Grundklasse geeinigt gedacht; ja nach ihm verfiel man zum andern Male in diesen Fehler. Man meinte nämlich, das Urteil bestehe wesentlich in einem Zusammensetzen oder Beziehen von Vorstellungen aufeinander. Das war eine gröbliche Verkennung seiner wahren Natur. Man mag Vorstellungen zusammensetzen und aufeinander beziehen wie man will, wie wenn man sagt ein grüner Baum, ein goldener Berg, ein Vater von 100 Kindern, ein Freund der Wissenschaft: solange und sofern man nichts weiteres thut, fällt man kein Urteil. Auch ist es zwar richtig, daß dem Urteilen sowie auch dem Begehren immer ein Vorstellen zu Grunde liegt; nicht aber, daß man dabei immer mehrere Vorstellungen wie Subjekt und Prädikat aufeinander beziehe. Solches geschieht wohl, wenn ich sage: Gott ist gerecht; nicht aber, wenn ich sage: es giebt einen Gott.

Was unterscheidet also die Fälle, wo ich nicht bloß vorstelle, sondern auch urteile? — Es kommt hier zu dem Vorstellen eine zweite intentionale Beziehung zum vorgestellten Gegenstande hinzu, die des Anerkennens oder Verwerfens. Wer Gott nennt, giebt der Vorstellung Gottes, wer sagt: es giebt einen Gott, dem Glauben an ihn Ausdruck.

Ich darf nicht länger hier verweilen und kann nur versichern, daß wenn irgend etwas, dieser Punkt heute jeden Zweifel ausschließt. Von sprachlicher Seite hat Miklosich die Resultate der psychologischen Analyse bestätigt [23].

Die dritte Grundklasse ist die der Gemütsbewegungen im weitesten Sinn des Wortes, von dem einfachsten Angemutet- oder Abgestoßenwerden beim bloßen Gedanken bis zu der in Überzeugungen gründenden Freude und Traurigkeit und den verwickeltsten Phänomenen der Wahl von Zweck und Mitteln. Aristoteles schon hatte alles das als ὄρεξις zusammengefaßt. Descartes sagte, die Klasse begreife in sich die voluntates sive affectus. Wenn in der zweiten Grundklasse die intentionale Beziehung ein Anerkennen oder Verwerfen war, so ist sie in der dritten ein Lieben oder Hassen oder (wie man sich ebenso richtig ausdrücken könnte) ein Gefallen oder Mißfallen. Ein Lieben, ein Gefallen, ein Hassen, ein Mißfallen haben wir in dem einfachsten Angemutet- und Abgestoßenwerden, in der siegreichen Freude und verzweifelnden Traurigkeit, in der Hoffnung und Furcht und ebenso in jeder Bethätigung des Willens vor uns. „Plait-il?" fragt der Franzose; „es hat Gott gefallen" liest man auf den Todesanzeigen; und das „Placet", das man bestätigend unterschreibt, ist der sprachliche Ausdruck des entscheidenden Willensdekretes [24].

21. Wenn wir die Phänomene der drei Klassen miteinander vergleichen, so finden wir, daß die beiden letzten eine Analogie zeigen, die bei der ersten fehlt. Wir haben einen Gegensatz der intentionalen Beziehung; beim Urteil Anerkennen oder Verwerfen; bei der Gemütsthätigkeit Lieben oder Hassen, Gefallen oder Mißfallen. Beim Vorstellen findet sich nichts Ähnliches. Ich kann wohl Entgegengesetztes vorstellen, wie z. B. Schwarz und Weiß; ich kann aber nicht dasselbe Schwarz in entgegengesetzter Weise vorstellen, wie ich es in entgegengesetzter Weise beurteile, je nachdem

ich daran glaube oder es leugne; und mit dem Gemüt mich entgegengesetzt zu ihm verhalte, je nachdem es mir gefällt oder mißfällt.

22. Hieran knüpft sich eine wichtige Folgerung. Von den Thätigkeiten der ersten Klasse kann man keine richtig oder unrichtig nennen. Dagegen wird bei der zweiten Klasse in einem jeden Fall von den zwei entgegengesetzten Beziehungsweisen des Anerkennens und Verwerfens die eine richtig, die andere unrichtig sein, wie von alt her die Logik geltend macht. Und Ähnliches gilt dann natürlich auch bei der dritten Klasse. Von den zwei entgegengesetzten Verhaltungsweisen des Liebens und Hassens, Gefallens und Mißfallens ist in jedem Falle eine, aber nur eine, richtig, die andere unrichtig.

23. Hier sind wir nun an der Stelle, wo die gesuchten Begriffe des Guten und Schlechten, ebenso wie die des Wahren und Falschen, ihren Ursprung nehmen. Wir nennen etwas wahr, wenn die darauf bezügliche Anerkennung richtig ist[25]. Wir nennen etwas gut, wenn die darauf bezügliche Liebe richtig ist. Das mit richtiger Liebe zu Liebende, das Liebwerte, ist das Gute im weitesten Sinne des Wortes.

24. Dieses scheidet sich dann, da alles, was gefällt, entweder um seiner selbst oder um eines andern willen gefällt, was dadurch bewirkt oder erhalten oder wahrscheinlich gemacht wird, in das primär Gute und in das sekundär Gute, d. h. in das, was gut ist in sich selbst, und in das, was gut ist um eines andern willen, wie dies insbesondere beim Nützlichen der Fall ist.

Das in sich Gute ist das Gute im engeren Sinn. Es allein kann dem Wahren an die Seite gestellt werden. Denn alles, was wahr ist, ist wahr in sich, wenn es auch mittelbar erkannt wird. Wenn wir im folgenden von „gut" sprechen, so haben wir, wenn wir nicht ausdrücklich das Gegenteil bemerken, immer ein in sich selbst Gutes im Auge.

So wäre der Begriff des Guten geklärt²⁶.

25. Aber nun die noch wichtigere Frage: wie erkennen wir, daß etwas gut ist? Sollen wir sagen: was immer geliebt wird und geliebt werden kann, ist liebwert und gut? Offenbar wäre dies nicht richtig; und es ist schier unbegreiflich, wie manche trotzdem in solchen Irrtum verfallen sind. Der eine liebt, was der andere haßt; und nach einem bekannten psychologischen Gesetz, an welches wir heute schon einmal rührten, geschieht es oft, daß einer, was er zunächst nur als Mittel zu anderem begehrt hat, aus Gewohnheit schließlich um seiner selbst willen begehrt; wie denn der Geizhals dazu kommt, in sinnloser Weise Reichtümer anzuhäufen und sich selbst dafür zu opfern. Also das wirkliche Vorkommen der Liebe bezeugt keineswegs ohne weiteres die Liebwürdigkeit, wie ja auch das wirkliche Anerkennen keineswegs ohne weiteres die Wahrheit beweist.

Ja man möchte sagen, jenes sei noch sichtlicher; da es kaum vorkommt, daß einer, der etwas anerkennt, es zugleich selbst für falsch hält, während es nicht selten geschieht, daß einer sich, während er etwas liebt, selber sagt, daß es solche Liebe nicht verdiene.

„Scio meliora proboque,
    Deteriora sequor."

Wie also sollen wir erkennen, daß etwas gut ist?

26. Die Sache scheint rätselhaft, aber das Rätsel findet eine sehr einfache Lösung.

Blicken wir, um die Antwort vorzubereiten, noch einmal vom Guten auf das Wahre hinüber!

Nicht alles, was wir anerkennen, ist darum wahr. Wir

urteilen vielfach ganz blind. Manche Vorurteile, die wir sozusagen mit der Muttermilch eingesogen, stehen uns wie unleugbare Principien fest. Zu andern eben so blinden Urteilen haben alle Menschen von Natur eine Art instinktiven Drang, wie sie z. B. blindlings der sogenannten äußeren Wahrnehmung und dem frischen Gedächtnis vertrauen. Was so anerkannt wird, mag oft wahr sein; es könnte aber zunächst auch ebensogut falsch sein, denn das anerkennende Urteil ist durch nichts als richtig charakterisiert.

Dies ist dagegen bei gewissen andern Urteilen, die man im Unterschied von jenen blinden „einleuchtende", „evidente" Urteile genannt hat, der Fall, wie beim Satze des Widerspruchs und bei jeder sogenannten innern Wahrnehmung, die mir sagt, daß ich jetzt Schall- und Farbenempfindungen habe und das und das denke und will.

Worin besteht nun der wesentliche Unterschied zwischen jener niederen und dieser höheren Urteilsweise? ist es ein Unterschied des Überzeugungsgrades oder etwas anderes? Ein Unterschied des Überzeugungsgrades ist es nicht; die instinktiven und blind-gewohnheitsmäßigen Annahmen sind oft nicht im allermindesten vom Zweifel angekränkelt, und manche wird man sogar dann nicht los, wenn man schon ihre logische Unberechtigung einsieht. Aber sie werden in dunklem Drang gefällt; sie haben nichts von der Klarheit, welche der höheren Urteilsweise eigen ist. Wirft man die Frage auf: warum glaubst du denn das eigentlich?, so wird ein vernünftiger Grund vermißt. Würde man dieselbe Frage bei einem unmittelbar evidenten Urteil aufwerfen, so wäre wohl auch hier keine Begründung zu geben; aber die Frage würde angesichts der Klarheit des Urteils gar nicht mehr am Platze, ja geradezu lächerlich erscheinen. Jeder erfährt den Unterschied zwischen der einen und andern Urteilsweise in sich;

in dem Hinweis auf diese Erfahrung muß, wie bei jedem Begriff, die letzte Verdeutlichung bestehen.

27. Das alles ist der Hauptsache nach allgemein bekannt[27] und wird nur von wenigen und nicht ohne große Inkonsequenz bestritten. Viel weniger hat man die Thatsache eines analogen Unterschieds zwischen höherer und niederer Thätigkeit auf dem Gebiete des Gemütes, des Gefallens und Mißfallens, beachtet.

Unser Gefallen und Mißfallen sind oft, ganz ähnlich wie die blinden Urteile, nur instinktive oder gewohnheitsmäßige Triebe. So ist es bei der Lust des Geizigen an der Anhäufung des Geldes; so bei der mächtigen Lust und Unlust, welche sich den Menschen wie den Tieren an das Erscheinen gewisser sinnlicher Qualitäten in der Empfindung knüpfen; und dabei verhalten — wie es namentlich bei Geschmäcken auffällig ist — verschiedene Species und auch Individuen sich oft in entgegengesetzter Weise.

Viele Philosophen, und darunter sehr bedeutende Denker, haben diese Weise des Gefallens, welche nur den niedrigeren Erscheinungen der Klasse eigen ist, allein beachtet und haben es ganz übersehen, daß es auch ein Gefallen und Mißfallen höherer Art giebt. David Hume z. B. zeigt sozusagen in jedem Worte, daß er gar keine Ahnung von der Existenz dieser höheren Klasse hat[28]. Ja wie allgemein ein solches Übersehen stattfand, das zeigt sich darin, daß die Sprache keinen gebräuchlichen Namen für sie bietet[29]. Das Faktum steht nichtsdestoweniger fest; erläutern wir es kurz durch ein paar Beispiele!

Wir haben, sagten wir eben, von Natur ein Gefallen an gewissen Geschmäcken und einen Widerwillen gegen andere; beides rein instinktiv. Wir haben aber auch von Natur ein Gefallen an klarer Einsicht und ein Mißfallen an Irrtum und Unwissenheit. „Alle Menschen", sagt Aristoteles in den schönen Eingangs=

worten zu seiner Metaphysik[30], „begehren von Natur nach dem Wissen." Dies Begehren ist ein Beispiel, das uns dient. Es ist ein Gefallen von jener höheren Form, die das **Analogon ist von der Evidenz** auf dem Gebiete des Urteils. In unserer Species ist es allgemein; würde es aber eine andere Species geben, welche, wie sie in Bezug auf Empfindungsinhalte anders als wir bevorzugt, im Gegensatze zu uns den Irrtum als solchen liebte und die Einsicht haßte: so würden wir gewiß nicht so wie dort sagen: das ist Geschmackssache, „de gustibus non est disputandum"; nein, wir würden hier mit Entschiedenheit erklären, solches Lieben und Hassen sei grundverkehrt, die Species hasse, was unzweifelhaft gut, und liebe, was unzweifelhaft schlecht sei in sich selbst. — Warum hier so und anders dort, wo der Drang gleich mächtig ist? — Sehr einfach! Dort war der Drang ein instinktiver Trieb; hier ist das natürliche Gefallen eine höhere als richtig charakterisierte Liebe. Wir bemerken also, indem wir sie in uns finden, daß ihr Objekt nicht bloß geliebt und liebbar und seine Privation und sein Gegensatz gehaßt und haßbar sind, sondern auch, daß das eine liebenswert, das andere hassenswert, also das eine gut, das andere schlecht ist.

Ein anderes Beispiel! Wir geben, wie der Einsicht vor dem Irrtum, so, allgemein gesprochen, der Freude (wenn es nicht gerade eine Freude am Schlechten ist) vor der Traurigkeit den Vorzug. Wenn es Wesen gäbe, welche hier umgekehrt bevorzugten, so würden wir dies, und mit Recht, als ein verkehrtes Verhalten bezeichnen. Es sind eben auch hier unsere Liebe und unser Haß als richtig charakterisiert.

Einen dritten Fall bietet die richtige und als richtig charakterisierte Gemütsthätigkeit selbst. Wie die Richtigkeit und Evidenz des Urteils, so zählt darum auch die Richtigkeit und der höhere Charakter der Gemütsthätigkeit selbst zu dem Guten, während die Liebe zum Schlechten selber schlecht ist[31].

Und um auch in Bezug auf das Gebiet des Vorstellens die entsprechenden Erfahrungen nicht unberührt zu lassen, so zeigt sich hier auf dieselbe Weise, daß jedes Vorstellen in sich selbst etwas Gutes ist und daß mit jeder Erweiterung des Vorstellungslebens — von allem, was sich von Gutem oder Schlechtem daran knüpfen mag, abgesehen — das Gute in uns vermehrt wird [32].

Hier also und aus solchen Erfahrungen einer als richtig charakterisierten Liebe entspringt uns die Erkenntnis, daß etwas wahrhaft und unzweifelhaft gut ist, in dem ganzen Umfange, in dem wir einer solchen fähig sind [33].

Denn das allerdings dürfen wir uns nicht verhehlen: wir haben keine Gewähr dafür, daß wir von allem, was gut ist, mit einer als richtig charakterisierten Liebe angemutet werden. Wo immer dies nicht der Fall ist, versagt unser Kriterium, und das Gute ist für unsere Erkenntnis und praktische Berücksichtigung soviel wie nicht vorhanden [34].

28. Aber nicht eines, vieles ist, was wir so als gut erkennen. Und daher bleiben die Fragen: welches ist unter dem Guten und insbesondere unter dem erreichbaren Guten das Bessere? und welches das höchste praktische Gut, damit es als Zweck maßgebend werde für unser Handeln?

29. Fragen wir also zunächst: wann ist etwas besser als etwas anderes und wird als besser von uns erkannt? und was heißt das überhaupt: das „Bessere"?

Die Antwort ist offenbar vorbereitet; doch nicht so, daß nicht ein naheliegender Irrtum auszuschließen bliebe. Wenn „gut" das ist, was wert ist, um seiner selbst willen geliebt zu werden, so scheint „besser" das, was wert ist, mit größerer Liebe geliebt zu werden. Aber ist dem wirklich so? — Was soll das sagen: „mit größerer Liebe"? — Räumliche Größe?, daran denkt man wohl nicht; nach Schuhen und Zollen wird man ein Gefallen und Mißfallen nicht leicht messen wollen.

Die Intensität des Gefallens, wird einer vielleicht sagen, die nenne ich die Größe der Liebe. Danach würde also das Bessere das sein, was mit intensiverem Gefallen gefallen soll. Aber das wäre eine Bestimmung, in welcher, näher besehen, die größten Ungereimtheiten beschlossen lägen. Danach wäre in jedem einzelnen Falle, wo man sich über etwas freut, nur ein gewisses Maß der Freude gestattet; während ich doch meinen sollte, es könne unmöglich verwerflich sein, wenn man sich über etwas, was wirklich etwas Gutes ist, so sehr als möglich und, wie man zu sagen pflegt, von ganzem Herzen freue. Schon Descartes bemerkt, der Akt der Liebe (wenn überhaupt auf Gutes gerichtet) könne nie zu intensiv sein[35]. Er hat offenbar recht. Im anderen Falle, bei der Endlichkeit unserer psychischen Kraft, welche Behutsamkeit wäre nicht geboten! So oft man sich über etwas Gutes freuen wollte, müßte man immer ängstlich Umschau halten über alles, was es sonst noch Gutes giebt, damit man ja das Maß der Proportion zur Gesamtkraft in keiner Beziehung verletze. Und wenn einer an einen Gott glaubt und unter ihm das unendliche Gut, das Ideal aller Ideale versteht, so müßte er, da er ihn wenn auch von ganzer Seele und mit allen seinen Kräften, doch immer nur mit einem endlich intensiven Akte der Liebe lieben kann, alles andere Gute mit unendlich kleiner Intensität oder — da dies unmöglich ist — eigentlich gar nicht lieben.

Das alles ist offenbar absurd.

30. Und doch muß man sagen, das Bessere sei dasjenige, was mit Recht mehr geliebt werde, was mit Recht mehr gefalle; aber in ganz anderem Sinne. Das „mehr" bezieht sich nicht auf das Intensitätsverhältnis zweier Akte, sondern auf eine besondere Species von Phänomenen, die zur allgemeinen Klasse des Gefallens und Mißfallens gehört, nämlich auf die Phänomene des Vorziehens. Es sind dies beziehende Akte, die in

ihrer Eigentümlichkeit jedem aus der Erfahrung bekannt sind. Auf dem Gebiete des Vorstellens giebt es nichts Analoges. Auf dem Gebiete des Urteils haben wir wohl neben den einfachen, subjektlosen Urteilen prädicierende Urteile und in ihnen beziehende Akte; aber diese Ähnlichkeit ist eine sehr unvollkommene. Das Ähnlichste, was hier vorkommt, ist wohl die Entscheidung über eine dialektisch vorgelegte Frage: ist das wahr oder falsch?, wo dem einen vor dem andern eine Art Vorzug gegeben wird. Doch immer nur wie einem Wahren vor einem Falschen, nie wie einem mehr vor einem minder Wahren. Was wahr ist, ist eben alles gleich wahr, was gut ist aber, nicht alles gleich gut, und das „Bessere" besagt nichts anderes als das gegenüber anderem Guten Vorzügliche, also das, was etwas Gutem um seiner selbst willen mit richtiger Bevorzugung vorgezogen wird. Ein etwas weiterer Sprachgebrauch gestattet es übrigens, auch das Gute gegenüber einem Schlechten oder schlechthin Indifferenten, ja ein Schlechtes gegenüber dem noch Schlechteren „besser" zu nennen. Es ist — sagen wir dann — zwar auch nicht gut, aber doch besser als jenes.

Das also in Kürze zur Erklärung des Begriffs des Besseren.

31. Und nun zur Frage: wie erkennen wir, daß etwas wirklich das Bessere sei?

Die einfache Erkenntnis als gut und schlecht vorausgesetzt, scheinen wir — die Analogie legt es nahe — diese Einsicht aus gewissen Akten des Vorziehens, die als richtig charakterisiert sind, zu schöpfen. Denn wie die einfache Bethätigung des Gefallens, ist auch das Vorziehen teils niederer Art d. h. triebartig, teils höherer Art und, analog dem evidenten Urteil, als richtig ausgezeichnet. Doch sind die betreffenden Fälle so beschaffen, daß mancher, und vielleicht mit besserem Rechte, sagen möchte, daß hier analytische Urteile das Mittel des Fortschritts würden und daß die Bevorzugungen, statt Erfahrungsquelle der Vorzüglichkeit, vielmehr darum als richtig charakterisiert seien, weil sie die schon erkannte Vorzüglichkeit maßgebend werden ließen [36].

Hierher gehört offenbar vor allem (1.) der Fall, wo wir etwas Gutes und als gut Erkanntes etwas Schlechtem und als schlecht Erkanntem vorziehen.

Dann aber (2.) ebenso der Fall, wo wir die Existenz eines als gut Erkannten seiner Nichtexistenz vorziehen oder die Nichtexistenz eines als schlecht Erkannten seiner Existenz vorziehen.

Dieser Fall begreift eine Reihe von wichtigen Fällen unter sich; so den Fall, wo wir ein Gutes rein für sich dem gleichen Guten mit Beimischung von Schlechtem, dagegen ein Schlechtes mit Beimischung von Gutem diesem selben Schlechten rein für sich vorziehen. Und weiter gehören darunter auch noch die Fälle, wo wir das ganze Gute einem Teil des Guten, dagegen einen Teil des Schlechten dem ganzen Schlechten vorziehen. Schon Aristoteles hebt es hervor, daß bei Gutem die Summe immer besser sei als der einzelne Summand. Ein solcher Fall von Summierung liegt auch vor bei längerer Dauer. Die gleiche Freude, welche eine Stunde währt, ist besser als die, welche im Augenblick erlischt. Wer dies, wie Epikur, wenn er uns über die Sterblichkeit der Seele trösten will, leugnet, den kann man leicht zu noch auffallenderen Ungereimtheiten führen. Auch die Pein einer Stunde würde ja dann nicht schlechter als die Pein eines Augenblicks sein. Und somit ergäbe sich aus beiden Sätzen zusammen, daß ein ganzes Leben voll Freude mit einem einzigen Augenblick der Pein einem ganzen Leben voll Pein mit einem einzigen Augenblick der Freude nicht vorzuziehen wäre. Das aber ist etwas, wovon wie jede gesunde Vernunft, so insbesondere und ausdrücklich gerade auch Epikur das Gegenteil behauptet.

Ein dem vorigen innigst verwandter Fall ist (3.) der, wo ein Gutes einem andern Guten vorgezogen wird, welches zwar nicht einen Teil von ihm bildet, aber einem seiner Teile in jeder Hinsicht gleich ist. Nicht bloß zu demselben, auch zu einem in jeder Hinsicht gleichen Guten ein Gutes fügend, bekommt man in der Summe ein Besseres. Analoges ergiebt sich, wenn man zu einem gleichen Schlechten ein anderes Schlechtes hinzugefügt denkt. Also z. B. wenn einer ein schönes Gemälde einmal ganz, ein anderes Mal in ganz gleicher Weise nur einem Teile nach zu sehen bekommt, so ist das erste Sehen in sich genommen etwas Besseres. Oder wenn einer einmal etwas Gutes vorstellt, ein anderes Mal es nicht bloß (und zwar ganz ebenso vollkommen) vorstellt, sondern auch liebt, so ist diese Summe psychischer Akte etwas Besseres.

Zu diesem dritten Falle gehörig und im besonderen noch erwähnenswert sind auch die Fälle des Gradunterschiedes. Ist ein Gutes einem andern, also z. B. eine Freude einer andern, in jeder sonstigen Beziehung ganz gleich, das eine aber intensiver als das andere: so ist die Bevorzugung, die das Intensivere vorzieht, als richtig charakterisiert; das Intensivere ist das Bessere. Umgekehrt zeigt sich, daß das intensivere Schlechte, also z. B. die intensivere Pein, das Schlechtere ist. Der Grad der Intensität entspricht nämlich ihrem Abstande vom Nullpunkte, und der Abstand der stärkeren Intensität vom Nullpunkte setzt sich aus ihrem Abstande von der schwächeren Intensität und dem Abstande dieser vom Nullpunkte zusammen. Man hat es also (was bestritten wurde) wirklich mit einer Art Addition zu thun.

32. Vielleicht denkt mancher bei sich, die drei Fälle, die ich da vorgeführt, seien so selbstverständlich und unbedeutend, daß er sich wundern müsse, warum ich überhaupt dabei verweile. Selbstverständlich sind sie nun allerdings, müssen es aber auch wohl sein, da wir ja hier von dem, was Grundlage werden soll, handeln. Schlimmer wäre es, wenn sie unbedeutend wären,

denn — gestehe ich es nur offen — ich habe kaum einen weiteren Fall beizufügen; in allen oder doch den allermeisten Fällen, die nicht darunter begriffen sind, versagt uns gänzlich jedes Kriterium[87].

Nehmen wir ein Beispiel! Jede Einsicht, sagten wir, ist etwas in sich Gutes, und jede edle Liebe ist ebenso etwas Gutes in sich. Beides erkennen wir klar. Aber wer sagt uns, ob dieser Akt der Einsicht oder jener Akt edler Liebe in sich das Bessere sei? — Es hat allerdings nicht an Leuten gefehlt, die hier aburteilten; ja manche haben sogar behauptet, sicher sei jeder Akt edler Liebe in sich selbst ein so hohes Gut, daß er, in sich genommen, besser sei als alle wissenschaftliche Einsicht insgesamt. Meines Erachtens ist dies nicht bloß nicht sicher, sondern geradezu absurd. Denn der einzelne edle Liebesakt bleibt, so wertvoll er immer sei, ein endliches Gut. Ein gewisses endliches Gut aber ist auch jede Einsicht. Und wenn ich diese endliche Größe in beliebiger Menge zu sich selbst addiere, so muß die Summe jedes gegebene endliche Maß von Güte einmal überschreiten. Platon und Aristoteles waren umgekehrt geneigt, die Akte der Erkenntnis in sich betrachtet im allgemeinen höher zu stellen als die Akte ethischer Tugend; auch dies gewiß unberechtigt, und ich erwähne es nur, weil dieser Gegensatz der Ansichten ein bestätigendes Zeichen für das Versagen des Kriteriums ist. Wie so vielfach auf psychischem Gebiete[88], sind uns auch hier eigentliche Maßbestimmungen unmöglich. Wo nun die innere Vorzüglichkeit nicht ausfindig zu machen ist, da gilt, was wir in ähnlicher Lage von der einfachen Güte sagten, — sie ist für unsere Erkenntnis und praktische Berück=sichtigung soviel wie nicht vorhanden.

33. Es giebt Leute, welche im Gegensatze zu dem, was die Erfahrung mit Evidenz erkennen läßt, behaupten, nur Lust sei ein

Gut in sich, und die Lust sei das Gute. Nehmen wir einmal an, diese Ansicht sei richtig, würde sich daran, wie manche glaubten und insbesondere Bentham zu ihrer Empfehlung geltend machte[39], der Vorteil knüpfen, daß uns dann durchweg eine relative Wertbestimmung der Güter gelänge, indem wir nun nur homogene Güter hätten, welche eine Messung aneinander gestatteten? — Jede intensivere Lust wäre ein größeres Gut als eine minder intensive, und die doppelt so intensive an Güte gleich zwei halb so intensiven; so käme dann Klarheit in alles.

Es bedarf nur eines Augenblickes der Überlegung, um den Wahn solcher Hoffnungen zu zerstören. Kann man wirklich erkennen, eine Lust sei doppelt so groß als eine andere? — Schon Gauß[40], der sich doch auf das Messen verstand, hat dem widersprochen. Nie setzt sich eine intensivere Freude aus zwölf minder intensiven, die als gleiche Teile in ihr unterscheidbar wären, wie der Schuh aus zwölf Zollen zusammen. So verhält sich's also selbst in einfacheren Fällen. Wie lächerlich aber würde sich einer erst machen, wenn er behauptete, seine Lust beim Rauchen einer guten Cigarre, 127 mal oder auch 1077 mal zu sich selbst addiert, gebe genau das Maß der Lust, welche er beim Anhören einer Beethovenschen Symphonie oder beim Anblick einer Raphaelischen Madonna in sich erfahre[41]! Ich glaube, ich habe genug gesagt, und brauche nicht auch noch auf die Schwierigkeit, die Intensitäten von Lust und Pein aneinander zu messen, hinzuweisen.

34. Also nur in so beschränktem Umfange schöpfen wir aus unsern Erfahrungen eine Erkenntnis des in sich Besseren.

Ich begreife wohl, wie einer, der dies zum erstenmal erwägt, in Besorgnis gerät, die mächtigen Lücken, die hier bleiben, müßten praktisch im höchsten Grade störend werden. Doch wenn wir weiter schreiten und das Wenige, was wir haben, rüstig ausbeuten, so werden wir finden, wie die fühlbarsten Mängel sich glücklicherweise als praktisch unschädlich erweisen.

35. Aus dem, was wir von Fällen eines als richtig charakterisierten Bevorzugens anführten, ergiebt sich nämlich der wichtige Satz, daß das Bereich des höchsten praktischen Gutes die ganze unserer vernünftigen Einwirkung unterworfene Sphäre ist, soweit in ihr ein Gutes verwirklicht werden kann. Nicht allein das eigene Selbst: die Familie, die Stadt, der Staat, die ganze gegenwärtige irdische Lebewelt, ja die Zeiten ferner Zukunft können dabei in Betracht kommen. Das alles folgt aus dem Satze der Summierung des Guten. Das Gute in diesem weiten Ganzen nach Möglichkeit zu fördern, das ist offenbar der richtige Lebenszweck, zu welchem jede Handlung geordnet werden soll; das ist das eine und höchste Gebot, von dem alle übrigen abhangen[42]. Die Selbsthingabe, und unter Umständen die Selbstaufopferung, wird sonach Pflicht; das gleiche Gute, wo immer es sei (also auch im andern), wird nach seinem Werte (also überall gleich) zu lieben sein, und Mißgunst und scheeler Neid sind ausgeschlossen.

36. Und nun fließt, da alles engere Gute zu dem Guten dieses weitesten Kreises in Zweckbeziehung zu bringen ist, aus utilitarischen Erwägungen auch Licht in jene dunkeln Gebiete, wo uns früher für jede Wahl der Maßstab fehlte. Wenn Akte der Einsicht z. B. und Akte edler Liebe sich in ihrem innern Wert nicht aneinander messen ließen, so ist es jetzt klar, daß jedenfalls keine der beiden Seiten auf Kosten der andern gänzlich vernachlässigt werden darf. Hätte einer alle Erkenntnis und keine edle Liebe, hätte ein anderer alle edle Liebe und keine Erkenntnis: keiner von beiden würde imstande sein seine Vorzüge im Dienste des immer noch größeren kollektiven Guten zu verwenden. Eine

gewisse harmonische Entwickelung und Bethätigung aller unserer edlen Anlagen scheint also unter diesem Gesichtspunkt jedenfalls das zu Erstrebende [43].

37. Und weiter kommen wir, nachdem wir schon so manche Liebespflicht gegen das höchste praktische Gut hervorkeimen sahen, nun auch an den Ursprung der Rechtspflicht. Die Vereinigung, welche eine Teilung der Arbeit möglich macht, kann allein die Bedingung für die Erreichung des höchsten praktischen Gutes, wie wir es erkannt haben, werden. So ist denn der Mensch ethisch bestimmt zum Leben in der Gesellschaft. Und leicht ist's nachweisbar, wie hier, damit nicht jeder für jeden mehr störend als fördernd werde, Grenzen des freien Waltens einer jeden Persönlichkeit bestehen müssen [44], und wie diese Grenzen (wie immer sich hier manches aus bloßer natürlicher Erwägung ergiebt) doch einer genaueren Bestimmung durch positive Determination und einer weiteren Sicherung durch die unterstützende öffentliche Gewalt bedürfen.

Und wie auf diese Weise die natürliche Erkenntnis den Bestand positiven Rechts im allgemeinen fordert und sanktioniert, so kann sie auch im besondern Forderungen erheben, von deren Erfüllung das Maß des Segens, den die Rechtsordnung bringt, wesentlich abhängt.

In dieser Weise also giebt oder versagt die höchste Krone, welche die Wahrheit trägt, den Werken positiver Gesetzgebung ihre Sanktion, und aus ihr ziehen sie ihre wahre bindende Kraft [45]. Denn, wie schon der alte Philosoph von Ephesus in einem seiner sinnschweren sibyllenähnlichen Sprüche sagt, „alle menschlichen Gesetze nähren sich von dem einen göttlichen" [46].

38. Außer den Satzungen, welche die Rechtsgrenzen betreffen, giebt es in jeder Gesellschaft noch andere positive Bestimmungen,

welche die Weise angehen, wie man sich innerhalb seiner Rechts=
sphäre zu benehmen, wie man über seine Freiheit und sein Eigen=
tum zu verfügen habe. Die öffentliche Meinung billigt Fleiß,
Generosität und Ökonomie, jedes an seiner Stelle, und mißbilligt
Trägheit, Geiz, Verschwendung und vieles andere. Im Gesetz=
buch finden sich die Vorschriften nicht, aber im Herzen des Volkes
stehen sie geschrieben. Und auch Lohn und Strafe fehlen bei dieser
Art von positiven Geboten nicht; sie bestehen in den Vorteilen
und Nachteilen guten und schlechten Rufes. Hier haben wir so=
zusagen einen positiven Kodex der Sittlichkeit, der den positiven
Rechtskodex ergänzt. Auch dieses positiv Sittliche kann richtige
und irrige Bestimmungen enthalten. Um wahrhaft verpflichtend
zu sein, muß es mit den Regeln zusammenstimmen, die, wie wir
zuvor sahen, durch die Vernunft als Liebespflichten gegen das
höchste praktische Gut sich erkennen lassen.

Und so haben wir denn wirklich die gesuchte natürliche Sank=
tion für recht und sittlich gefunden.

39. Ich verweile nicht dabei, wie diese Sanktion sich mächtig
erweist. Ein jeder sagt sich gewiß lieber: ich betrage mich
richtig, als: ich handle verkehrt. Und keinem, der etwas als
besser erkennt, ist dieser Umstand bei seiner Wahl ganz und gar
gleichgültig. Bei einigen indes ist es wenigstens annähernd der
Fall, während für andere dieses Moment von vorzüglichstem Ge=
wichte ist. Schon die Beanlagung ist verschieden, und vieles kann
durch Erziehung und eigene ethische Führung vervollkommnet
werden. Genug, die Wahrheit spricht, und wer immer aus der
Wahrheit ist, höret ihre Stimme.

40. Bei der Vielheit untergeordneter Regeln, welche der
Griffel der Natur selber in die Gesetzestafeln eingräbt, sind, wie
wir sahen, utilitarische Rücksichten maßgebend. Da wir nun in
verschiedenen Lagen über verschiedene Mittel verfügen, so werden

auch für verschiedene Lagen verschiedene specielle Vorschriften gelten müssen. Sie können geradezu entgegengesetzt lauten, ohne natürlich, da sie ja für verschiedene Umstände berechnet sind, deshalb wahrhaft widersprechend zu sein. In diesem Sinne also wird eine Relativität des Ethischen mit Recht behauptet.

Ihering hat sie hervorgehoben[47], aber nicht, wie er zu meinen scheint, als einer der ersten. Vielmehr war die Lehre alther bekannt und wurde schon von Platon in seiner Republik geltend gemacht[48]. Aristoteles hat sie in der Ethik und mit größtem Nachdruck in der Politik betont[49]. Auch die Scholastiker hielten sie fest, und in moderner Zeit haben selbst Männer von so energischen ethischen und politischen Überzeugungen wie Bentham[50] sie nicht geleugnet. Wenn die Fanatiker der französischen Revolution sie verkannten, so sind doch die Besonnenen unter ihren Mitbürgern auch damals solchem Wahne nicht verfallen. Laplace z. B. in seinem Essai philosophique sur les probabilités giebt der wahren Lehre gelegentlich Zeugnis und erhebt warnend seine Stimme[51].

Und so hat der ausgezeichnete Forscher, der uns den Geist des römischen Rechts erschlossen und dem wir auch als Verfasser des Zweckes im Recht in vieler Beziehung gewiß zum Danke verpflichtet sind, genau betrachtet hier nichts gethan als die Lehre getrübt, indem er sie mit einer wesentlich andern und falschen Relativitätslehre konfundierte. Nach dieser würde kein Satz der Ethik, auch nicht der, daß man das Beste des weitesten Kreises beim Handeln maßgebend machen solle, ausnahmslose Gültigkeit haben. In der Urzeit und auch später, lange Jahrhunderte hindurch, wäre, wie er ausdrücklich behauptet, ein solches Verfahren ebenso unsittlich gewesen wie in spätern das entgegengesetzte. Wir müßten, in die Zeiten der Menschenfresserei zurückblickend, mit den Menschenfressern und nicht mit dem sympathisieren, der etwa, innerlich seiner Zeit vorauseilend, schon damals die all=

gemeine Nächstenliebe gepredigt hätte[52]. Das sind Irrtümer, welche nicht bloß durch die philosophische Reflexion auf die Erkenntnisprincipien der Ethik, sondern auch durch die Erfolge unserer christlichen Missionäre schlagend widerlegt werden.

41. So wäre denn die Bahn zu dem uns vorgesetzten Ziele durchschritten. Zeitweilig führte sie uns durch fremde, wenig betretene Gebiete; zuletzt aber mochten die Resultate, zu welchen wir gelangten, uns wie alte Bekannte anmuten. Indem wir Nächstenliebe und Selbstaufopferung für Vaterland und Menschheit als Pflicht erklärten, wiederholten wir nur, was rings um uns verkündet wird. Und so würden wir denn auch, wenn wir noch mehr ins einzelne gingen, Lug und Verrat und Mord und Unzucht und so vieles andere, was als ethisch verwerflich gilt, mit dem Maßstab der von uns dargelegten Erkenntnisprincipien gemessen, das eine als unrecht, das andere als unsittlich verdammenswert finden.

Das alles dürfte uns gewissermaßen anheimeln, wie einen Seefahrer die vaterländische Küste, wenn er nach glücklich vollbrachter Reise sie auftauchen sieht, und der Rauch aufsteigt aus der altgewohnten Esse.

42. Und gewiß, wir dürfen uns darüber freuen. Die sichere Klarheit, mit der sich alles das ergiebt, ist für das Gelingen unseres Unternehmens ein gutes Zeichen. Denn dieses Moment, die Weise, wie es sich ergiebt, ist natürlich dabei das allerwesentlichste. Ohne sie, was hätten wir hier vor anderen voraus? Auch Kant z. B., der ganz anders über die Erkenntnisprincipien der Ethik lehrte, sehen wir im weiteren Verlauf vielfach zu den bekannten Aufstellungen gelangen. Aber was bei ihm vermißt wird, ist der strenge Zusammenhang. Schon Beneke hat gezeigt, wie man mit dem kategorischen Imperativ in der Weise, wie Kant ihn handhabt, für denselben Fall Entgegengesetztes und

somit alles und nichts beweisen könne[53]. Wenn Kant nun trotzdem so vielfach glücklich bei richtigen Sätzen ankommt, so müssen wir dies wohl darauf zurückführen, daß er schon vorher solche Meinungen hegte. Wie ja auch Hegel, wenn er nicht andersher gewußt hätte, daß der Himmel blau ist, es gewiß nicht dialektisch a priori bebuciert haben würde. Brachte er es doch ebensogut fertig, die damals geltende Siebenzahl der Planeten darzuthun, die heutzutage längst von der Wissenschaft überschritten ist.

Diese Erscheinung also wäre leicht in ihren Ursachen verständlich.

43. Aber etwas anderes scheint rätselhaft. Wie kommt es, daß die gangbaren öffentlichen Meinungen in Bezug auf sittlich und recht selber in so vielen Beziehungen als richtig sich erweisen? Wenn ein Denker wie Kant die Quellen, aus welchen wirkliche ethische Erkenntnis fließt, nicht gefunden hatte: wie können wir glauben, daß das gewöhnliche Volk dahin gelangt sei, um aus ihnen zu schöpfen? Wenn aber dieses nicht, wie konnten sie, der Prämissen entbehrend, die Folgerungen gewinnen? Hier kann die Erscheinung offenbar nicht daraus, daß die richtige Ansicht schon früher festgestanden, begriffen werden.

Doch auch diese Schwierigkeit löst sich in sehr einfacher Weise, wenn wir erwägen, wie gar vieles in unserm Erkenntnisschatze sich findet und in neuen Erkenntnissen fruchtbar erweist, ohne daß wir uns den Proceß zu deutlichem Bewußtsein bringen.

Sie müssen, wenn ich dies sage, in mir nicht einen Anhänger der famosen Philosophie des Unbewußten vermuten. Ich spreche hier nur von unleugbaren und altbekannten Wahrheiten. So hat man oft bemerkt, daß die Menschen Jahrtausende hindurch schon richtige Schlüsse gezogen hatten, ohne sich durch Reflexion ihr Verfahren und die Principien, welche die formelle Gültigkeit der Folgerung bedingen, zur Klarheit zu bringen. Ja als Platon zuerst darauf reflektierte, konnte es ihm begegnen, daß er eine ganz falsche Theorie aufstellte und meinte, man habe es bei jedem Schlusse mit einem Processe der Wiedererinnerung zu thun[54]. Was man auf Erden wahrnehme und erfahre, rufe Erkenntnisse ins Gedächtnis zurück, die man in einem vorirdischen Leben erworben. Heutzutage ist dieser Irrtum verschwunden. Aber immer noch tauchen falsche Theorieen über die Erkenntnisquellen der Syllogistik auf; wie denn z. B. Albert Lange[55] sie in Raumanschauungen und synthetischen Sätzen a priori, Alexander Bain[56] in der Erfahrung sucht, daß die Schlußmodi Barbara, Celarent u. s. w. sich bis jetzt in jedem Fall als richtig bewährt haben: lauter krasse Irrtümer über die bedingenden unmittelbaren Einsichten, die aber doch nicht ausschließen, daß Platon und Lange und Bain im allgemeinen nicht anders als andere Menschen argumentieren; trotz ihrer Verkennung der wahren Erkenntnisprincipien bleiben nämlich doch diese Principien in ihnen selber wirksam.

Ja, was greife ich in die Ferne? Man mache nur die Probe mit dem ersten besten gemeinen Mann, der eben eine richtige Folgerung zieht, und fordere ihn auf, die Prämissen des Schließens anzugeben! Er wird es gewöhnlich nicht vermögen und vielleicht ganz falsche Angaben darüber machen. Wird ja auch derselbe, wenn man ihn einen ihm geläufigen Begriff definieren läßt, meist die gröbsten Fehler begehen und so wiederum zeigen, wie er sein eigenes Denken nicht richtig zu beschreiben fähig ist.

44. Indessen, wie immer der Weg, der zur ethischen Erkenntnis führt, den Laien und auch den Philosophen vielfach im Nebel lag, so müssen wir doch, da der Proceß ein komplizierter ist, und viele Momente dabei zusammenwirken, erwarten, daß Spuren auch von der Wirksamkeit jedes einzelnen von ihnen für sich in der Geschichte sich aufzeigen lassen werden. Und dies

wird mehr noch als die Übereinstimmung in den Endergebnissen für die richtige Theorie eine Bewährung sein.

Nun wohl, auch diese — wenn die Zeit es nur gestattete — in welcher Fülle vermöchte ich sie zu bieten! Wer ist z. B., der nicht die Freude (wenn es nicht gerade eine Freude an Schlechtem ist), wie wir es thaten, für etwas evident Gutes erklären würde? Hat es doch nicht an Ethikern gefehlt, welche die Lust und das Gute schlechtweg für identische Begriffe erklären wollten[57]. Aber ihnen gegenüber gaben andere für den inneren Wert auch der Einsicht Zeugnis, und diese werden den Unbefangenen auf ihrer Seite haben. Manche Philosophen wollten die Erkenntnis sogar geradezu als vornehmstes Gut über alles andere emporheben[58]. Doch erkannten diese dabei auch jedem Tugendakte einen gewissen inneren Wert zu; und andere thaten dies in dem Maße, daß sie nur in der Bethätigung der Tugend das höchste der Güter erblicken wollten[59].

Nach der einen Seite hätten wir also der Bestätigungen wohl genug.

Doch nun auch, was die Principien des Bevorzugens anlangt: wie oft sehen wir nicht dem Princip der Summierung Rechnung getragen, wie wenn gesagt wird, das Maß des Glückes des ganzen Lebens, nicht das des Augenblickes komme in Betracht[60]. Und wieder, die Grenzen des Ichs überschreitend, wenn z. B. Aristoteles sagt, die Glückseligkeit eines Volkes erscheine als ein höherer Zweck als die eigene Glückseligkeit[61]; und so sei auch bei einem Kunstwerke und bei einem Organismus, und ähnlich wieder bei einem Hauswesen der Teil immer wegen des Ganzen; alles sei hier geordnet „zum Gemeinsamen" („$\varepsilon\dot{\iota}\varsigma$ $\tau\dot{o}$ $\varkappa o\iota\nu\acute{o}\nu$")[62]. Ja bei der Gesamtheit der Schöpfung macht er denselben Grundsatz maßgebend. „Worin", fragt er[63], „haben wir für alles Geschaffene das Gute und Beste, das sein Endzweck ist, zu erblicken? — Ist es ihm immanent oder transcendent?"

Und er antwortet: „beides!" und bezeichnet als transcendenten Zweck den göttlichen Urgrund, dessen Ähnlichkeit alles erstrebt, als immanenten aber das Ganze der Weltordnung. Das gleiche Zeugnis für das Princip der Summierung könnten wir dem Mund der Stoiker entnehmen[64]. Ja es kehrt wieder in jedem Versuch einer Theodicee von Platon bis Leibniz und weiter herab[65].

Aber auch in den Bestimmungen unserer Volksreligion tritt seine Wirksamkeit deutlich zu Tage. Wenn sie uns die Weisung giebt, wir sollten den Nächsten lieben wie uns selbst, was lehrt sie anderes, als daß bei der richtigen Bevorzugung das Gleiche (sei es eigenes, sei es fremdes) mit gleichem Gewicht in die Wage falle? woraus die unterordnende Hingabe des einzelnen an das kollektive Ganze folgt; wie denn der Erlöser, das ethische Ideal des Christentums, für das Heil der Welt sich zum Opfer bringt.

Und wenn gesagt wird: liebe Gott über alles! (wie auch Aristoteles sagt, Gott sei mehr noch das Beste zu nennen als das Ganze der Welt)[66], so liegt auch da eine besondere Anwendung des Princips der Summierung vor. Denn was denkt man unter Gott anderes als den Inbegriff alles Guten in unendlicher, überschwänglicher Steigerung?

So zeigen sich die beiden Sätze der Nächstenliebe wie sich selbst und der Liebe Gottes über alles so innig verwandt, daß wir nicht mehr überrascht sind, die Worte beigefügt zu finden, das eine Gebot sei dem andern gleich. Das Gebot der Nächstenliebe — man beachte wohl — wird nicht dem der Gottesliebe untergeordnet und aus ihm abgeleitet; sie ist nach der christlichen Anschauung nicht darum richtig, weil Gott sie fordert, er fordert sie vielmehr darum, weil sie natürlich richtig ist[67]; und diese Richtigkeit wird in derselben Weise und in derselben Klarheit, sozusagen durch denselben Lichtstrahl der natürlichen Erkenntnis offenbar.

Da hätten wir denn schon genugsam Zeichen von der bildenden Wirksamkeit der einzelnen von uns hervorgehobenen Faktoren und hierin einerseits eine Bekräftigung unserer Theorie und andererseits im wesentlichen die Erklärung jener paradoxen Anticipation philosophischer Resultate.

45. Doch wir dürfen nicht glauben hiemit alles gesagt zu haben. Nicht jede Meinung über sittlich und recht, die heutzutage in der Gesellschaft gilt, und die, wenn man die Ethik fragt, auch durch sie als richtig sanktioniert wird, ist jenen lauteren und edeln Quellen, die auch im verborgnen strömend ergiebig waren, entflossen. Viele solche Ansichten sind auf logisch ganz unberechtigtem Wege zu stande gekommen und nahmen, wenn man die Geschichte ihrer Entstehung untersucht, ihren Ursprung aus niederen Trieben, aus selbstischen Gelüsten durch Umbildungen, welche diese nicht etwa durch höhere Einflüsse, sondern einfach durch den instinktiven Drang der Gewohnheit erfuhren. Es ist wirklich wahr, was so viele Utilitarier hervorheben, daß der Egoismus es empfiehlt sich anderen gefällig zu erweisen, und daß ein solches Verhalten, fort und fort geübt, schließlich zu einer für die ursprünglichen Zwecke blinden Gewohnheit wird. Es geschieht dies vornehmlich infolge unserer geistigen Beschränktheit, der sogenannten Enge des Bewußtseins, welche es uns nicht gestattet neben dem, was zunächst in Frage kommt, die ferneren und letzten Zwecke immer deutlich vor Augen zu haben. So mag denn mancher wirklich dazu geführt werden, in blindem, gewohnheitsmäßigem Drange mit einer gewissen Selbstlosigkeit auch das Wohl anderer zu lieben. Es ist weiter wahr, was einige im besondern geltend machten, daß es in der Geschichte oft vorkommen mußte, daß ein Übermächtiger einen Schwachen egoistisch sich unterwarf und diesen unter dem Einflusse der Gewohnheit mehr und mehr zum willigen Knechte sich erzog. Und in dessen Sklavenseele wirkte dann zuletzt ein „αὐτὸς ἔφα" mit blindem, aber nicht minder

mächtigem Drang, wie ein treibendes „du sollst", als wäre es
eine Offenbarung der Natur über gut und böse. Bei jeder Ver=
letzung eines Befehls fühlte er sich, wie ein wohldressierter Hund,
beunruhigt und innerlich gequält. Hatte ein solcher Gewaltiger
sich viele unterworfen, so mochte sein wohlberatener Egoismus
ihn dazu bestimmen Gebote zu geben, die dem Bestande seiner
Horde förderlich waren. Sie wurden ebenso sklavisch seinen Leuten
zur Gewohnheit und sozusagen zur Natur wie andere. Und so
mochte die Rücksicht auf das Ganze dieser Gesellschaft nach und
nach jedem Unterthan etwas werden, wozu er sich mit dem eben
beschriebenen Gefühle gedrängt fand. Zugleich erkennen wir leicht,
wie bei seiner steten Fürsorge für die Seinigen in dem Tyrannen
selbst Gewohnheiten sich bilden mußten, welche der Berücksichtigung
der Wohlfahrt dieses Kollektivs günstig waren. Ja er mochte
schließlich ebenso wie der Geizige, der sich für die Erhaltung
seines Schatzes hinopferte, dahin kommen, für die Erhaltung
seiner Bande bereitwillig zu sterben. — Bei dem ganzen be=
schriebenen Proceß, wenn er sich so vollzieht, haben die ethischen
Erkenntnisprincipien nicht den geringsten Einfluß. Der Drang,
welcher auf solche Weise entsteht, und die Meinungen, welche in=
folgedavon für oder gegen ein gewisses Verhalten sich aus=
sprechen, haben nicht das mindeste mit der natürlichen Sanktion
zu thun und entbehren jeder ethischen Würde. Aber man begreift
sehr wohl — und namentlich wenn man nun auch noch den Fall
erwägt, wo Horde mit Horde in Beziehung tritt und freundliche
Rücksichten auch hier sich als vorteilhaft zu erweisen beginnen —,
wie der Weg dieser niederen Dressur zu Meinungen führen kann,
ja vielfach früher oder später, man darf wohl sagen, führen muß,
die mit Lehrsätzen, welche aus der wahren Schätzung des Guten
fließen, zusammenstimmen.

46. So trifft ja auch die blinde, rein gewohnheitsmäßige
Erwartung des Ähnlichen in ähnlichen Fällen, wie sie die Tiere

und auch wir selbst tausendfach üben, nicht selten mit dem Ergebnisse zusammen, welches eine nach den Grundsätzen der Wahrscheinlichkeitsrechnung vollzogene Induktion in gleicher Lage liefern würde; ja die Ähnlichkeit der Resultate hat selbst Leute von psychologischer Bildung[68] öfter dahin geführt, den einen und andern Proceß, obwohl sie himmelweit voneinander abstehen und der eine ganz blind sich vollzieht, während der andere von der Evidenz der Mathematik durchleuchtet ist, geradezu für identisch zu nehmen. So müssen denn auch wir uns wohl davor hüten, in solchen pseudo-ethischen Entwickelungen ein verborgenes Wirken der wahren ethischen Sanktion zu vermuten.

47. Wie mächtig aber auch dieser Abstand ist, so haben doch auch jene niederen Processe ihren Wert. Die Natur — man hat es oft hervorgehoben[69] — hat sehr wohl daran gethan, vielfach durch instinktive Triebe, wie Hunger und Durst, für uns zu sorgen und nicht alles unserer Vernunft zu überlassen. Dies bewährt sich auch in unserem Falle.

In jenen ältesten Zeiten, bei welchen ich — Sie begreifen vielleicht jetzt besser, mit welchem Rechte — Jhering zugab, daß sie schier jeden Anflug von ethischem Denken und Fühlen vermissen ließen, geschah doch Großes für die Vorbereitung wahrer Tugend. Die öffentliche Ordnung, wie auch immer zunächst durch den Antrieb niederer Beweggründe hergestellt, wurde die Vorbedingung für die freie Entfaltung unserer edelsten Anlagen.

Auch konnte es nicht gleichgültig sein, wenn unter dem Einflusse jener Dressur gewisse Leidenschaften gemäßigt und gewisse Dispositionen anerzogen wurden, welche es leichter machten, dem wahren sittlichen Gebot in derselben Richtung Folge zu leisten. Catilinas Tapferkeit war gewiß nicht die wahre Tugend der Tapferkeit, wenn Aristoteles mit Recht sagt, diese habe nur der, welcher in Gefahr und Tod gehe „τοῦ καλοῦ ἕνεκα", „wegen des Sittlichschönen" [70]. Auf seinen Fall hätte Augustinus hinweisen können, wenn er sagte: „virtutes ethnicorum splendida vitia!" Aber wer möchte verkennen, daß es einem solchen Catilina, nach der Bekehrung, infolge seiner früher erworbenen Dispositionen leichter geworden wäre, auch im Dienste des Guten das Äußerste zu wagen? So war der Boden für die Aufnahme wahrhaft ethischer Anregungen empfänglich gemacht, und es lag darin eine mächtige Ermutigung für diejenigen, welche zuerst zu ethischen Erkenntnissen durchbrangen und die Stimme der natürlichen Sanktion in sich hörten, für die Wahrheit Propaganda zu machen. Aristoteles schon bemerkt in diesem Sinne, man könne nicht jeden zum Hörer der Ethik brauchen. Durch Gewohnheiten gut geführt müsse derjenige sein, welcher über Recht und Sittlichkeit hören solle. Bei anderen, meint er, sei alle Mühe verschwendet [71].

Ja noch mehr kann ich jener nicht prähistorischen, aber doch prämoralischen Zeit von Verdiensten für die Erkenntnis von natürlichem Recht und natürlicher Sittlichkeit nachrühmen. Die gesetzlichen Ordnungen und Sitten, welche damals sich bildeten, haben aus früher entwickelten Gründen dem, was die Ethik fordert, so vielfach sich angenähert, daß dieser eigentümliche Fall von Mimikry viele über den Mangel tiefergehender Verwandtschaft täuschte. Was dort ein blinder Drang, hier die Erkenntnis des Guten zum Gebot erheben läßt, trifft oft inhaltlich vollständig zusammen. Die legislative ethische Gewalt fand darum in jenen auch schon kodifizierten Gesetzen und Sitten sozusagen Gesetzesentwürfe vor sich, die sie mit etlichen Abänderungen ohne weiteres sanktionieren konnte. Sie waren um so wertvoller, als sie — was unter utilitarischem Gesichtspunkte gefordert erscheint — den besonderen Verhältnissen der Völker angepaßt waren. Und der Vergleich der einen Verfassung mit der andern mußte dies hervortreten lassen und hat frühzeitig dazu beigetragen, zu jener wichtigen Erkenntnis der wahren Relativität auch des natürlichen Rechtes und der natürlichen Sittlichkeit zu führen. Wer weiß, ob es sonst selbst einem Aristoteles hätte gelingen können, sich in dem Grade, wie er es that, von jedem schablonisierenden Doktrinarismus freizuhalten!

Soviel also von jenen vorethischen Zeiten, um auch ihnen die schuldige Anerkennung nicht zu versagen.

48. Immerhin, es war damals Nacht, wenn auch eine Nacht, in welcher der kommende Tag sich vorbereitete; und der Anbruch des Morgens, er ist sicher der herrlichste Sonnenaufgang, der sich in der Weltgeschichte vollzieht. Ich sage, sich vollzieht; nicht, sich vollzogen hat; denn noch sehen wir das Licht mit den Finsternissen ringen. Die wahrhaft ethischen Motive sind, wie im Privatleben, so in der Politik, nach außen und nach innen, bei weitem nicht überall maßgebend. Diese Kräfte erweisen sich — um mit dem Dichter zu sprechen — noch immer nicht genug entwickelt, um den Bau der Welt zusammenzuhalten. Und so erhält denn, und wir dürfen ihr dafür dankbar sein, die Natur das Getriebe durch Hunger und durch Liebe und, müssen wir hinzusetzen, durch jene anderen dunkeln Strebungen, von welchen wir sahen, wie sie sich aus selbstsüchtigen Gelüsten entwickeln können.

49. Von ihnen und ihren psychologischen Gesetzen muß darum der Jurist, wenn er wahrhaft seine Zeit begreifen und förderlich auf sie einwirken will, ebenso wie von den Lehren des natürlichen Rechtes und der natürlichen Sittlichkeit Kenntnis nehmen, die, wie unsere Betrachtung zeigte, nicht das erste gewesen sind, sondern — soweit man überhaupt auf eine

Realisierung des vollen Ideales hoffen darf — das letzte in der Geschichte sittlicher und rechtlicher Entwickelung sein werden.

So zeigen sich die innigen Beziehungen der Jurisprudenz und Politik zur Philosophie, von welchen Leibniz sprach, in ihrer ganzen Mannigfaltigkeit.

Platon hat das Wort gesprochen, es werde nicht gut werden im Staate, bis der wahre Philosoph König werde oder die Könige in rechter Weise philosophierten. In unserer konstitutionellen Zeit werden wir uns besser so ausdrücken, daß wir sagen, mit den vielen Mißständen unseres staatlichen Lebens könne es nicht zum Besseren sich wenden, wenn man nicht, statt den Juristen das Wenige zu nehmen, was sie bei den bestehenden Einrichtungen zu philosophischer Bildung anregt, vielmehr endlich einmal kräftig dafür sorge, daß sie wirklich eine ihrem erhabenen Berufe genügende philosophische Bildung empfangen.

Anmerkungen.

1. (S. 4) Vgl. Über die Entstehung des Rechtsgefühles. Vortrag von Dr. Rudolf von Jhering. — Gehalten in der Wiener juristischen Gesellschaft am 12. März 1884. (Allgem. Juristenzeitung, 7. Jahrg. Nr. 11 ff. Wien 16. März — 13. April 1884.) Ferner ist zu vergleichen v. Jhering, Der Zweck im Recht, 2 Bde. Leipzig 1877—1883.

2. (S. 4) Für den ersten Punkt vgl. Allgem. Juristenzeitung, 7. Jahrg. S. 122 ff., Zweck im Recht II. S. 109 ff.; für den zweiten Punkt Allgem. Juristenzeitung, 7. Jahrg. S. 171, Zweck im Recht II. S. 118—123. Verworfen wird hier, daß es irgend eine ethische Regel von absoluter Gültigkeit gebe (S. 118, 122 f.); bekämpft wird jede, wie Jhering sie nennt, „psychologische" Behandlungsweise der Ethik (S. 121), wonach sich die Ethik „als Zwillingsschwester der Logik" darstellen würde (S. 123).

3. (S. 6) Allgem. Juristenzeitung, 7. Jahrg. S. 147; vgl. Zweck im Recht II. S. 124 ff.

4. (S. 6) Arist. Polit. I, 2. p. 1252 b 24.

5. (S. 6) Vgl. z. B. Allgem. Juristenzeitung, 7. Jahrg. S. 146.

6. (S. 7) Rep. 2, 31.

7. (S. 7) Dig. I, 8, 9.

8. (S. 8) Zu den zahlreichen Anhängern dieser Meinung gehört als einer der vorzüglichsten Vertreter J. St. Mill in seinem „Utilitarianism", Chapt. 3.

9. (S. 8) Auch hier ist unter anderen J. St. Mill zu nennen. Diese Motive der Furcht und Hoffnung wären nach ihm die äußeren;

jene früher beschriebenen, durch Gewohnheit herausgebildeten Gefühle die innere Sanktion (ebend. Chapt. 3).

10. (S. 9) Vgl. hiefür insbesondere eine Erörterung in James Mills Fragment on Mackintosh, die J. St. Mill in der 2. Auflage der Analysis of the phen. of the hum. mind II p. 309 ff. abdruckt, und die geistvollen Abhandlungen von Grote, die A. Bain unter dem Titel: Fragments on Ethical Subjects by the late George Grote F. R. S., being a selection from his posthumous papers. London 1876, veröffentlicht hat; namentlich Ess. I: On the origine and nature of ethical Sentiment.

11. (S. 11) D. Hume, An Enquiry concerning the Principles of Moral (zuerst London 1751).

12. (S. 11) Herbart, Lehrbuch zur Einleitung in die Philosophie § 81 ff. (Gesamtausgabe I S. 124 ff.

13. (S. 11) Dieser Vergleich mit der Logik dürfte mich am besten gegen den Vorwurf schützen, als ob ich hier die Herbartische Lehre in falschem Lichte erscheinen lasse. Würde das logische Kriterium in Geschmacksurteilen bei der Erscheinung regelgemäßen und regelwidrigen Denkverfahrens liegen, so würde es, verglichen mit dem, was es thatsächlich ist (der innern Evidenz des regelgemäßen Verfahrens), äußerlich zu nennen sein. Ähnlich ist darum auch das Kriterium der Herbartischen Ethik treffend als ein äußerliches zu bezeichnen, wie energisch auch die Herbartianer betonen mögen, daß in dem Geschmacksurteil, welches bei dem Anblick gewisser Willensverhältnisse von selbst entstehe, ein innerer Vorzug dieser Verhältnisse sich offenbare.

14. (S. 12) In der Grundlegung zur Metaphysik der Sitten führt uns Kant den kategorischen Imperativ in folgenden Fassungen vor: „handle nur nach derjenigen Maxime, durch die du zugleich wollen kannst, daß sie ein allgemeines Gesetz werde;" und: „handle so, als ob die Maxime deiner Handlung durch deinen Willen zum allgemeinen Naturgesetz werden sollte." In der Kritik der praktischen Vernunft lautet er: „handle so, daß die Maxime deines Willens jederzeit zugleich als Princip einer allgemeinen Gesetzgebung gelten könne",

b. h., wie Kant selbst erklärt, daß die Maxime, zum allgemeinen Gesetz erhoben, nicht zu Widersprüchen führen und so sich selbst aufheben würde. Das Bewußtsein von diesem Grundgesetz wäre nach Kant ein Faktum der reinen Vernunft, die sich dadurch als gesetzgebend (sic volo, sic jubeo) ankündigte. Doch schon Beneke bemerkt (Grundlinien der Sittenlehre II, S. XVIII — 1841 —; vgl. seine Grundlegung zur Physik der Sitten, ein Gegenstück zu Kants Grundlegung zur Metaphysik der Sitten, 1822), daß es vielmehr nichts als eine „psychologische Dichtung" sei, und heutzutage ist wohl kein Urteilsfähiger mehr hierüber im Zweifel. Bezeichnend ist, daß selbst Philosophen, wie Mansel, der für Kant die allerhöchste Verehrung hat, zugeben, daß der kategorische Imperativ eine Fiktion und schlechterdings unhaltbar sei.

Der kategorische Imperativ hat zugleich den andern und nicht geringeren Fehler, daß man, selbst wenn man ihn zugesteht, schlechterdings zu keinen ethischen Folgerungen gelangt. Die Ableitungen, die Kant versucht, mißlingen ihm, wie Mill (Utilitarianism, Chapt. 1) mit Recht sagt, „in fast grotesker Weise". Sein Lieblingsbeispiel einer Ableitung, dasjenige, womit er sowohl in der Grundlegung zur Metaphysik der Sitten als auch in der Kritik der praktischen Vernunft sein Verfahren erläutert, ist folgendes: Darf man, fragt er, ein Gut, das einem ohne Schein oder sonstiges Indicium anvertraut ist, für sich behalten? Er antwortet: Nein! Denn, meint er, niemand würde einem, wenn die gegenteilige Maxime zum Gesetz erhoben würde, unter solchen Umständen noch etwas anvertrauen. Das Gesetz wäre also ohne Möglichkeit der Anwendung; also unausführbar; also aufgehoben durch sich selbst.

Man erkennt leicht, daß die Argumentation Kants falsch, ja absurd ist. Wenn infolge des Gesetzes gewisse Handlungen unterlassen werden, so übt es eine Wirkung; es ist also noch wirklich und keineswegs durch sich selbst aufgehoben. Wie lächerlich wäre es, wenn, einer in analoger Weise folgende Frage behandeln würde: Darf ich einem, der mich zu bestechen sucht, willfahren? — Ja! Denn dächte ich die entgegengesetzte Maxime zum allgemeinen Naturgesetz erhoben, so würde niemand mehr einen zu bestechen versuchen; folglich wäre das Gesetz ohne Anwendung; also unausführbar und somit aufgehoben durch sich selbst.

15. (S. 13) Vgl. J. St. Mill, System der deduktiven und induktiven Logik IV Kap. 4 § 6 (gg. Ende); ebendas. VI Kap. 2 § 4 und anderwärts, wie z. B. in seinem „Utilitarianism", seinen Essays über Religion und seiner Abhandlung über Comte und den Positivismus, II. Teil.

16. (S. 13) Man vgl. mit dem im Vortrage Gesagten das erste Kapitel der Nikomachischen Ethik, und man wird finden, daß Jherings „Grundgedanke" bei seinem Werke „Der Zweck im Recht" (I S. VI), nämlich, „daß es keinen Rechtssatz gebe, der nicht einem Zwecke seinen Ursprung verdanke", so alt als die Ethik selber ist.

17. (S. 13) Es kann Fälle geben, wo der Erfolg gewisser Bestrebungen zweifelhaft ist und von zwei Wegen, die sich öffnen, der eine ein Besseres, aber mit geringerer Wahrscheinlichkeit, der andere ein minder Gutes, aber mit größerer Wahrscheinlichkeit, in Aussicht stellt. Hier kommt das Wahrscheinlichkeitsverhältnis bei der Wahl mit in Betracht. Wenn A dreimal besser ist als B, aber B zehnmal mehr Chancen hat, erzielt zu werden als A, so wird der praktisch Weise den Weg zu B vorziehen. Denken wir uns ein solches Verfahren durchgängig unter ähnlichen Umständen eingehalten, so würde damit (nach dem Gesetz der großen Zahlen) bei hinreichender Vervielfältigung der Fälle im ganzen das Bessere verwirklicht werden. Somit entspricht das Verhalten noch immer unverkennbar dem im Text ausgesprochenen Princip: wähle unter dem Erreichbaren das Beste. Die ganze Bedeutung dieser Bemerkung wird durch den Verlauf der Untersuchung noch mehr ins Licht gestellt werden.

18. (S. 14) Schon Aristoteles war diese Wahrheit bekannt (vgl. z. B. De Anim. III, 8). Das Mittelalter hielt sie fest, drückte sie aber nicht glücklich aus, in dem Satze: nihil est in intellectu, quod non prius fuerit in sensu. Die Begriffe „Wollen", „Schließen" werden nicht aus sinnlichen Anschauungen gewonnen; man müßte denn den Begriff „sinnlich" so allgemein fassen,

daß aller Unterschied von „sinnlich" und „übersinnlich" sich verwischte. Sie stammen aus Anschauungen psychischen Inhalts. Ebendaher stammen die Begriffe „Zweck", „Ursache" (wir bemerken z. B. zwischen unserm Glauben an die Prämissen und unserm Glauben an den Schlußsatz eine ursächliche Beziehung), „Unmöglichkeit" und „Notwendigkeit" (wir gewinnen sie aus Urteilen, welche etwas nicht einfach assertorisch, sondern, wie man sich auszudrücken beliebt, apodiktisch anerkennen oder verwerfen) und viele andere, welche manche Moderne, denen die Erforschung des wahren Ursprungs mißlang, als von vornherein gegebene Kategorieen betrachten wollten. (Beiläufig bemerkt, ist es mir wohl bekannt, daß Sigwart und, von ihm bestimmt, auch andere in jüngster Zeit die Besonderheit der apodiktischen gegenüber der assertorischen Urteilsweise in Abrede stellen. Es ist dies aber ein psychologischer Irrtum, den als solchen zu erweisen hier nicht des Ortes ist; vgl. unten Anm. 27 S. 83.)

19. (S. 14) Auch von dieser Lehre finden sich die ersten Keime bei Aristoteles, vgl. insbef. Metaph. $\varDelta$ 15 p. 1021 a 29. Der Terminus „intentional" stammt, wie so manche andere Bezeichnung wichtiger Begriffe, von den Scholastikern her.

20. (S. 14) Eingehender findet man die Frage nach dem Einteilungsgrunde erörtert in meiner „Psychologie vom empirischen Standpunkte" (1874, Buch II Kap. 6; vgl. ebend. Kap. 1 § 5), deren betreffende Ausführungen ich trotz mancher Abweichung im einzelnen der Hauptsache nach auch heute noch für richtig halte.

21. (S. 15) Meditat. III. Nunc autem ordo videtur exigere, ut prius omnes meas cogitationes (alle psychischen Akte) in certa genera distribuam . . . . . Quaedam ex his tanquam rerum imagines sunt, quibus solis proprie convenit ideae nomen, ut cum hominem, vel chimaeram, vel coelum, vel angelum, vel Deum cogito; aliae vero alias quasdam praeterea formas habent, ut cum volo, cum timeo, cum affirmo, cum nego, semper quidem aliquam rem ut subjectum meae cogitationis apprehendo, sed aliquid etiam amplius quam istius rei

similitudinem cogitatione complector; et ex his aliae voluntates sive affectus, aliae autem judicia appellantur.

Seltsamerweise hat diese klare Stelle Windelband (Straßb. philos. Abhandl. S. 171) nicht abgehalten, Descartes die Lehre zu=zuschreiben, das Urteilen sei ein Wollen. Was ihn dazu verführt, ist eine Erörterung in der vierten Meditation über den Einfluß des Willens bei der Bildung des Urteils. Schon Scholastiker wie Suarez hatten diesen Einfluß ultriert, und Descartes geht in der Übertreibung der Abhängigkeit soweit, daß er jedes (auch das evidente) Urteilen als ein Werk des Willens betrachtet. Aber „das Urteil bewirken" und „das Urteil sein" bleibt offenbar noch immer zweierlei. Und obwohl darum Descartes auch an unserer Stelle seine Ansicht von dem Einflusse des Willens durchblicken läßt — denn wahrscheinlich weist er nur um ihretwillen dem Urteil den dritten Platz unter den Grundklassen der psychischen Phänomene an —, so sagt er doch ohne Widerspruch: aliae voluntates — aliae judicia appellantur.

Verfänglicher sind ein paar Stellen in späteren Schriften, nämlich in den drei Jahre nach den Meditationen veröffentlichten Principia Philosophiae (I, 32.) und in den abermals drei Jahre später geschriebenen „Notae in Programma quoddam, sub finem Anni 1647 in Belgio editum, cum hoc Titulo: Explicatio mentis humanae sive animae rationalis, ubi explicatur quid sit, et quid esse possit." Besonders die Stelle in den Principien könnte zu der Meinung führen, Descartes müsse seine Ansicht ge=ändert haben, und es ist zum Verwundern, daß Windelband sich nicht vielmehr auf sie als auf die Stelle in den Meditationen be=rief. Da heißt es: Ordines modi cogitandi, quos in nobis experimur, ad duos generales referri possunt: quorum unus est, perceptio sive operatio intellectus; alius vero, volitio sive operatio voluntatis. Nam sentire, imaginari et pure intelligere, sunt tantum diversi modi percipiendi; ut et cupere, aversari, affirmare, negare, dubitare, sunt diversi modi volendi.

Auf den ersten Blick scheint diese Lehre der in der dritten Meditation so deutlich zu widersprechen, daß man, wie gesagt, kaum umhin kann auf die Vermutung zu kommen, Descartes müsse in der Zwischenzeit seine These von den drei Grundklassen aufgegeben haben und sei nun aus der Skylla in die Charybdis geraten; die alte Konfusion des Urteils mit der Vorstellung vermeidend, konfundiere er es nun mit dem Willen. Doch bei aufmerksamerer Erwägung aller Umstände wird man Descartes von diesem Vorwurf freisprechen und zwar aus folgenden Gründen: 1.) deutet nicht das geringste Zeichen darauf hin, daß Descartes ein Bewußtsein davon habe, daß er den in seinen Meditationen ausgesprochenen Überzeugungen untreu geworden sei. 2.) Noch mehr, im Jahre 1647 (drei Jahre nach den Meditationen und kurz vor Abfassung der Notae zum Programma) erscheinen die Meditationen in einer von Descartes revidierten Übersetzung, und — sieh da! — er ändert an der entscheidenden Stelle in der dritten Meditation nicht das mindeste. „Entre mes pensées", heißt es, „quelques unes sont comme les images des choses, et c'est à celles-là seules que convient proprement le nom d'idée; .... D'autres, outre cela ont quelques autres formes; ... et de ce genre de pensées, les unes sont appelées volontés ou affections, et les autres jugements." 3.) In den Principien selbst und zwar unmittelbar darauf (I no. 42) sagt er, alle unsere Irrtümer hingen von unserm Willen ab (a voluntate pendere), aber er ist dabei doch soweit davon entfernt das „Irren" für ein Wollen zu nehmen, daß er sagt, daß niemand sei, der irren wolle (nemo est qui velit falli). Und noch bezeichnender dafür, daß er das Urteil nicht, wie das Begehren und Fliehen, als die innere Willensbethätigung selbst, sondern nur als ein Werk des Willens denkt, ist es, wenn er sofort hinzufügt: „sed longe aliud est velle falli, quam velle assentiri iis, in quibus contingit errorem reperiri" etc. Er sagt nicht vom Willen, ähnlich wie daß er begehre, daß er affirmiere, zustimme, sondern daß er die Zustimmung wolle; wie auch nicht, daß er wahr sei, sondern daß er nach der Wahrheit verlange („veritatis assequendae cupiditas .... efficit, ut ... judicium ferant").

Über die wirkliche Ansicht Descartes' kann also kein Zweifel sein; seine Lehre hat hier nicht die geringste Umwandlung erlitten. Es bleibt darum nur die Aufgabe, sich mit seiner offenbar veränderten Ausdrucksweise zurecht zu finden. Und diese lösen wir, glaube ich, unfehlbar in folgender Weise. Descartes, obwohl er Wille und Urteil als zwei verschiedene Grundklassen erkennt, findet doch, daß für sie, gegenüber der Grundklasse der Ideen, einiges gemeinsam sei. In der dritten Meditation hebt er (man vgl. die oben angeführte Stelle) als dies Gemeinsame hervor, daß sie, ein Vorstellen als Fundament enthaltend, noch eine andere, besondere Form hinzufügten. In der vierten Meditation tritt als ein anderer gemeinsamer Zug das hervor, daß der Wille über sie entscheide; er könne nicht bloß die eignen, er könne auch die Akte des Urteils setzen und suspendieren. Dieses Gemeinsame ist es nun, worauf es ihm in dem ersten Teil der „Principien" Nr. XXIX—XLII vorzüglich, ja allein ankommen mußte. Daher faßt er sie, im Gegensatz zu den Ideen als operationes intellectus, unter dem Namen operationes voluntatis zusammen. In den „Notae zum Programma" nennt er sie, deutlich in demselben Sinn, determinationes voluntatis. „Ego enim, cum viderem, praeter perceptionem, quae praerequiritur ut judicemus, opus esse affirmatione vel negatione ad formam judicii constituendam, nobisque saepe esse liberum ut cohibeamus assensionem, etiamsi rem percipiamus, ipsum actum judicandi, qui non nisi in assensu, hoc est in affirmatione vel negatione consistit, non retuli ad perceptionem intellectus sed ad determinationem voluntatis." Ja er scheut sich in den „Principien" nicht, diese zwei Klassen von modi cogitandi beide modi volendi zu nennen, indem der Zusammenhang genugsam zu zeigen schien, er wolle damit nur sagen, daß sie zur Domäne des Willens gehörten.

Noch eine weitere Stütze findet diese Erklärung durch den Vergleich mit der scholastischen Terminologie, mit der Descartes als

Jüngling vertraut wurde. Sie pflegte nicht bloß die Regung des Willens, sondern auch die unter der Herrschaft des Willens geübte Handlung als actus voluntatis zu bezeichnen. Demgemäß zerfiel dieser dann in zwei Klassen, den actus elicitus voluntatis und den actus imperatus voluntatis. Ähnlich faßt Descartes diejenige Klasse, welche nach ihm nur als actus imperatus des Willens möglich ist, mit seinem actus elicitus zusammen. Um einen gemeinsamen Grundcharakter der intentionalen Beziehung handelt es sich also bei dieser Zusammenfassung nicht.

So klar dies alles sich nun für denjenigen herausstellt, der allen Momenten sorgsam Rechnung trägt, so scheint doch Spinoza, wahrscheinlich mehr durch die Stelle in den „Principien" als durch die von Windelband angezogene in den „Meditationen" verleitet, diesem in dem Mißverständnis der Cartesianischen Lehre vorausgegangen. Eth. II, prop. 49 faßt er selber nun wirklich und im allereigentlichsten Sinne die affirmatio und negatio als volitiones mentis, und kommt dann schließlich durch eine weitere Konfusion dazu, auch zwischen der Klasse der ideae und jener der voluntates den Unterschied zu verwischen. „Voluntas et intellectus unum et idem sunt" lautet nun die These, die mit der Dreiteilung von Descartes auch die alte Aristotelische Zweiteilung über den Haufen wirft. Spinoza hat hier wie gewöhnlich nichts gethan, als die Lehren seines großen Meisters korrumpiert.

22. (S. 15) Ich will damit nicht sagen, daß die Einteilung gegenwärtig allgemein anerkannt sei. Man würde nicht einmal den Satz des Widerspruchs für gesichert erklären dürfen, wenn man, um dies zu thun, die allgemeine Zustimmung abwarten wollte. In unserm Falle ist es sehr begreiflich, wenn alteingewurzelte Vorurteile nicht sofort aufgegeben werden. Aber daß auch unter solchen Verhältnissen keine einzige bedeutende Objektion vorgebracht werden konnte, dient der Lehre gewiß am meisten zur Bestätigung.

Manche — wie z. B. Windelband — geben es auf, das Urteil mit der Vorstellung in einer Grundklasse zu begreifen, glauben es dagegen der Gemütsthätigkeit subsumieren zu können. Sie fallen so in den Fehler, den einst Hume bei seiner Untersuchung über die Natur des Glaubens (belief) begangen hatte, zurück. Das Bejahen soll nach ihnen ein Billigen, ein Wertschätzen im Gefühle, das Verneinen ein Mißbilligen, ein Sich=abgestoßen=fühlen sein.

Trotz einer gewissen Analogie ist die Verwechslung schwer begreiflich. Es giebt Leute, welche die Güte Gottes und die Bosheit des Teufels, das Wesen des Ormuzd und das Wesen des Ahriman mit gleicher Überzeugung anerkennen, während sie doch das Wesen des einen über alles schätzen, von dem des andern sich nicht anders als abgestoßen fühlen. Da wir die Erkenntnis lieben und den Irrtum hassen, so ist es allerdings richtig, daß uns Urteile, die wir für richtig halten (und dies gilt von allen benen, welche wir selber fällen), aus diesem Grunde lieb sind (daß wir sie also im Gefühle irgendwie wertschätzen). Aber wer möchte sich dadurch verleiten lassen, die geliebten Urteile selbst für Bethätigungen der Liebe zu nehmen? Die Verwechslung wäre schier ebenso grob, als wenn einer Weib und Kind und Geld und Gut deshalb, weil sie Gegenstände seiner Liebe sind, von dieser seiner darauf bezüglichen Thätigkeit nicht unterschiede. Vgl. auch, was ich oben (Anm. 21) gegen Windelband bemerkt habe, wo er, Descartes mißverstehend, ihm dieselbe Lehre zuschreibt; ferner Anm. 26 (über die Einheit des Begriffes des Guten) sowie was Sigwart in seiner Logik I, 2. Aufl. S. 156 ff. in der Anmerkung zum Teil sehr treffend gegen Windelband geltend macht. Denjenigen, welcher nach allem dem noch nach weiteren Argumenten für den Unterschied der zweiten und dritten Grundklasse verlangen sollte, erlaube ich mir zum voraus auf meine „Deskriptive Psychologie" zu verweisen, von der ich im Vorwort als einem nahezu vollendeten Werke spreche, und die nicht als eine Fortsetzung, wohl aber als eine Fortentwickelung meiner „Psychologie vom empirischen Standpunkte" erscheinen wird.

Hier gegenüber Windelband nur noch folgende Bemerkungen:

1. Es ist, wie er sich bei abermaliger Lesung meiner Psychologie I S. 262 selbst überzeugen wird, falsch und ein starkes Versehen, wenn er S. 172 (sogar mit Anführungszeichen) mich selber zugestehen

läßt, die Bezeichnung „Liebe und Haß" sei für die dritte Grund=
klasse nicht recht geeignet.

2. Es ist falsch und eine ganz unberechtigte Supposition, wenn
er mir S. 178 die Meinung zuschreibt, daß die Einteilung der Ur=
teile nach der Qualität die einzig wesentliche sei, die den Urteilsakt
selbst betreffe. Das gerade Gegenteil ist meine Überzeugung. So
halte ich z. B. (allerdings im Gegensatz zu Windelband) den Unter=
schied zwischen assertorischen und apodiktischen (vgl. dazu Anm. 27 S. 83)
und wiederum den Unterschied zwischen evidenten und blinden Urteilen
für den Urteilsakt selbst betreffend und sehr wesentlich. Noch an=
dere, ja sogar einen zwischen einfachen und zusammengesetzten Urteils=
akten, könnte ich namhaft machen. Denn nicht jeder zusammengesetzte
Urteilsakt kann in lauter einfache Elemente aufgelöst werden, wie ja
Ähnliches — das wußte schon Aristoteles — auch von manchen Be=
griffen gilt. Was ist Röte? — Rote Farbe. — Was Farbe? —
Farbige Qualität. Man sieht, die Differenz enthält in beiden
Fällen den Gattungsbegriff; die Ablösbarkeit des einen logischen
Teils vom andern besteht nur einseitig. Eine ähnliche einseitige
Ablösbarkeit, sage ich, kommt nun auch bei gewissen zusammengesetzten
Urteilen vor. J. St. Mill hat darum ganz unrecht, wenn er Ded.
und ind. Log. I, 4 § 3 die alte Scheidung der Urteile in einfache
und zusammengesetzte lächerlich findet und meint, man verfahre hier
nicht anders, als wenn man die Pferde in einzelne Pferde und Ge=
spanne von Pferden scheiden wollte; würde doch sonst gegen die
Scheidung der Begriffe in einfache und zusammengesetzte dasselbe
Argument gültig sein müssen.

3. Es ist falsch, aber ein Irrtum, dem fast allgemein gehuldigt
wird, und von dem auch ich, als ich den ersten Band der Psychologie
schrieb, mich noch nicht befreit hatte, daß der sogenannte Grad der
Überzeugung eine Intensitätsstufe des Urteilens sei, welche mit der
Intensität von Lust und Schmerz in Analogie gebracht werden
könnte. Hätte Windelband diesen Irrtum mir vorgehalten, so
würde ich ihm ganz und vollkommen recht geben. Nun aber
tadelt er mich, weil ich eine Intensität nur in analogem, nicht aber in

gleichem Sinne bei der Überzeugung anerkennen wollte, und weil ich die angebliche Intensität der Überzeugung und die wahrhafte Intensität des Gefühls der Größe nach für unvergleichbar erklärte. Da haben wir eine der Folgen seiner verbesserten Auffassung des Urteils.

Wäre der Überzeugungsgrad meines Glaubens, daß $2 + 1 = 3$ sei, eine Intensität, wie mächtig müßte diese dann sein! Und wenn nun gar dieser Glaube mit Windelband (S. 186) zu einem Gefühl gemacht, nicht bloß dem Gefühl analog gedacht werden dürfte, wie zerstörend für unser Nervensystem müßte die Heftigkeit der Gefühls=erschütterung werden! Jeder Arzt würde vor dem Studium der Mathematik als etwas Gesundheitzerrüttendem warnen müssen. (Vgl. über den sog. Überzeugungsgrad die Ansicht von Henry Newman in der interessanten, in Deutschland kaum beachteten Schrift „An Essay in aid of a grammar of assent".)

4. Wenn Windelband S. 183 sich wundert, wie ich in den Sätzen „Gott ist", „ein Mensch ist", „ein Mangel ist", „eine Möglichkeit ist", „eine Wahrheit ist" (d. h. „es giebt eine Wahr=heit") u. s. w. das Wörtchen „ist" für gleichbedeutend nehmen könne, ja dieses Verkennen der mannigfachen Bedeutung des Seins bei dem Verfasser der „Mannigfachen Bedeutung des Seienden nach Aristo=teles" seltsam findet (S. 184, Anm. 1): so kann ich nur erwidern, daß, wer hierin nicht die einfache Konsequenz meiner Auffassung vom Urteil erblickt, diese Lehre kaum erfaßt haben dürfte. Was aber Aristoteles anlangt, so fällt es ihm gar nicht ein, das „$\H{\varepsilon}\sigma\tau\iota\nu$", welches den Ausdruck der Vorstellung zum Ausdruck des Urteils er=gänzt, und das „$\H{o}\nu\ \H{\omega}\varsigma\ \H{\alpha}\lambda\eta\vartheta\varepsilon\varsigma$", wie er es nennt, ähnlich wie das „$\H{o}\nu$" im Sinne einer Realität in verschiedene Kategorieen und in ein $\H{o}\nu\ \varepsilon\nu\varepsilon\rho\gamma\varepsilon\iota\alpha$ und $\H{o}\nu\ \delta\upsilon\nu\alpha\mu\varepsilon\iota$ zu zerlegen. Das könnte nur ein solcher thun, welcher, wie Herbart und so manche andere nach ihm, die Begriffe des Seins im Sinne der absoluten Position und im Sinne der Realität nicht auseinanderzuhalten wüßte. (Vgl. die fol=gende Anm.)

5. Ich habe soeben gesagt, daß es einfache und zusammen=

gesetzte Urteile gebe und daß manche zusammengesetzte Urteile nicht ohne Rest in einfache auflösbar seien. Hierauf muß man wohl achten, wenn man die sprachliche Rückführung von Urteilen, die in andern Formeln ausgesprochen werden, auf die existentiale Formel versucht. Selbstverständlich sind nur einfache, d. h. wahrhaft einheitliche Urteile auf sie rückführbar; und ich glaube, man dürfe mich darum für entschuldigt halten, wenn ich in meiner Psychologie dies nicht ausdrücklich hervorzuheben für nötig hielt. Gilt diese Restriktion allgemein, so gilt sie natürlich auch bei der kategorischen Formel. Die formalen Logiker wollen in den Sätzen von kategorischem Bau, die sie mit A, E, I und O bezeichnet haben, streng einheitliche Urteile ausdrücken. Diese sind also alle auf die Existentialformel rückführbar (vgl. meine Psychologie I S. 283). Nicht aber wird dasselbe gelten, wenn in einem Satze von kategorischem Bau, wie es die Vieldeutigkeit sprachlicher Wendungen mit sich bringt (vgl. unt. S. 120 die Anm. zur Beilage), eine Vielheit von Urteilen enthalten ist. In einem solchen Fall kann die existentiale Formel wohl der Ausdruck eines dem zusammengesetzten Urteile äquivalenten einheitlichen Urteils, aber nicht dieses Urteils selbst werden.

Dies hätte Windelband berücksichtigen müssen, wo er (a. a. O. S. 184) den Satz „die Rose ist eine Blume" bezüglich seiner Rückführbarkeit auf den Existentialsatz untersucht. Er hat ganz recht, wenn er gegen seine Reduktion auf den Satz: „Es giebt keine Rose, welche nicht eine Blume wäre" protestiert; nur hat er nicht ebenso recht, wenn er dieselbe mir zuschreibt. Weder an der von ihm angezogenen Stelle noch irgendsonst habe ich sie gemacht und halte sie für ebenso falsch wie die von Windelband versuchte und jede von irgendwelchem andern noch zu versuchende. Das in dem Satze ausgesprochene Urteil ist nämlich hier aus zweien, von welchen das eine die Anerkennung des Subjekts ist (sei es daß dies für die Rose im gewöhnlichen Sinne, sei es daß es für „das Rose Genannte", „das unter Rose Verstandene" als solches supponiert), zusammengesetzt, was, wie wir eben bemerkten, nicht in jedem Falle, wo ein Satz von der Fassung „alle A sind B" ausgesprochen wird, ebenso gilt.

Das hat leider auch Land übersehen, der einzige meiner Kritiker, dem es gelungen ist, meine von Windelband (S. 191) als „mysteriös" bezeichneten Andeutungen zur Reform der elementaren Logik in ihrem notwendigen Zusammenhang mit dem Principe zu begreifen und fehlerfrei aus ihm abzuleiten. (Vgl. Land, On a supposed improvement in formal Logic, in den Abhandlungen der Königl. Niederländischen Akademie der Wissenschaften, 1876.)

Ich schließe mit einem Kuriosum, das uns jüngst Steinthal in seiner Zeitschrift für Völkerpsychologie (XVIII, S. 175) lieferte. Da lese ich mit Verwunderung: „Brentanos Verwirrung, indem er Urteilen von Vorstellen und Denken (!) völlig trennt und ersteres als Anerkennung oder Verwerfung mit Liebe und Haß zusammenbringt (!!), wird augenblicklich gelöst, wenn man ein solches (?) Urteilen, als ein ästhetisches, vielmehr Beurteilen (!) nennt." Wahrscheinlich hat Steinthal in meine Psychologie keinen Blick geworfen und wohl nur Windelbands Referat darüber gelesen, aber auch dies so flüchtig, daß er mir hoffentlich dankbar sein wird, wenn ich hiermit seine Zeilen an diesen zur Korrektur weiterbefördere.

23. (S. 16) Miklosich, Subjektlose Sätze 2. Aufl., Wien 1883. Zur Orientierung über den Inhalt dieser wertvollen Abhandlung mag eine Anzeige dienen, die ich seiner Zeit für die Wiener Abendpost geschrieben hatte. Durch Unverstand verirrte sie sich als Feuilleton in die Wiener Zeitung. Da sie dort gewiß niemand gesucht hat, will ich sie hier, am Ende, als Beilage anfügen. Inzwischen ist Sigwarts Monographie „Die Impersonalien" erschienen, worin er Miklosich bekämpft. Marty hat sie, und früher schon den betreffenden Abschnitt von Sigwarts Logik, in der Vierteljahrsschrift für wissenschaftliche Philosophie einer treffenden Kritik unterzogen, über die Sigwart ohne allen verständlichen Grund sich höchlich entrüstet zeigt. „Il se fache", sagen die Franzosen, „donc il a tort". Daß Sigwarts Auffassung in wesentlichen Stücken wirklich verfehlt sei, das giebt eigentlich selbst Steinthal zu, obwohl er in seiner Zeitschrift (XVIII S. 170 ff.) dem Verfasser der Monographie in dichten Wolken Weihrauch spendet, ja

in der Vorrede zur vierten Auflage seines „Ursprung der Sprache"
sogar einem Benehmen Beifall zollt, das jeder wahre Freund des
verdienstvollen Mannes zu beklagen Grund hat. Nach dem hohen
Lob, das man im Eingang vernommen, fühlt man sich am Ende der
Kritik etwas enttäuscht. S. 177—180 verwirft Steinthal die Theorie
Sigwarts, was die grammatische Seite anlangt. Es bliebe danach die
psychologische Theorie Sigwarts als das eigentlich Gelungene übrig.
Aber die psychologische Seite ist nicht die, für welche Steinthals Wür=
digung Autorität haben dürfte; es müßte denn einer auch folgende Be=
merkung ernst zu nehmen geneigt sein: „Gewiß muß jeder bei dem
Satze: ‚Da bückt sich's hinunter mit liebendem Blick' (Schillers
Worte im ‚Taucher') an die Königstochter denken; aber nicht sie
steht vor mir, sondern subjektlos ein Sich=hinunter=bücken, und
nun fühle ich um so lebendiger mit ihr. Nach meiner [Steinthals]
Psychologie würde ich sagen, die Vorstellung der Königstochter
schwingt, aber tritt nicht ins Bewußtsein." Das ist wohl mehr,
als woran ein Weiser genug hat.

I.

Die psychologische Theorie Sigwarts zeigt sich in ihrer ganzen
Schwäche, wo er von dem Begriff „Existenz" Rechenschaft zu geben
sucht. Von diesem hat schon Aristoteles erkannt, daß er durch
Reflexion auf das bejahende Urteil gewonnen werde. Aber Sigwart,
wie die meisten modernen Logiker, unterläßt es seine Winke zu benützen.
Statt zu sagen, zu dem Existierenden gehöre alles das, wofür das
anerkennende Urteil wahr ist, ergeht sich Sigwart ein um das
andere Mal und zuletzt wieder in seiner zweiten Auflage der Logik,
S. 88—95 in langen Erörterungen über den Begriff des Seins
und den Existentialsatz, die, in falschen Bahnen sich bewegend, zu
keinerlei Klarheit führen können.

„Sein" soll nach Sigwart eine Relation ausdrücken (S. 88. 95);
fragt man aber: welche? so scheint es für einen Augenblick (S. 92),
daß es eine „Relation zu mir, dem Denkenden" sein solle. Aber
nein, der Existentialsatz behauptet gerade, „daß das Seiende auch
sei, abgesehen von seiner Beziehung zu mir und einem andern

denkenden Wesen". Diese Relation ist es also nicht. Aber welche andere soll es nun sein? Erst S. 94 scheint dies deutlicher hervorzutreten. Das Verhältnis soll (allerdings wird dazugefügt „zunächst") „die Übereinstimmung („Identität", ebend.) des vorgestellten Dinges mit einer möglichen Wahrnehmung (einem „Wahrnehmbaren", ebend., „etwas, was von mir wahrgenommen werden kann", ebend. S. 90 Anm.) sein".

Nun erkennt jeder sofort, daß dieser Begriff der Existenz zu eng ist, wie denn z. B. wohl behauptet werden könnte, es gebe vieles, was nicht wahrnehmbar sei, z. B. eine Vergangenheit und eine Zukunft, einen leeren Raum und überhaupt einen Mangel, eine Möglichkeit, eine Unmöglichkeit u. s. w. u. s. w. Und so ist's nicht zum Verwundern, wenn Sigwart selbst den Begriff zu entschränken sucht. Aber er thut dies in einer mir schwer verständlichen Weise. Zuerst scheint es, als wolle er sagen, es sei, damit etwas zum Existierenden zähle, nicht nötig, daß es von mir, es genüge, wenn es von irgend einem wahrgenommen werden könne. Oder was sonst sollte es heißen, wenn Sigwart nach dem eben Gesagten — es war von der Übereinstimmung des vorgestellten Dinges mit einer möglichen Wahrnehmung die Rede — fortfährt: „Was existiert, steht nicht bloß in dieser Beziehung zu mir, sondern zu allem andern Seienden"? Sigwart dürfte ja doch kaum geneigt sein, jedem Seienden die Fähigkeit zu jeder Wahrnehmung zuzusprechen. Vielleicht wollte er indes nur sagen, was existiere, stehe zu jedem andern Seienden in der Existenzbeziehung; und dann könnte man etwa aus dem unmittelbar folgenden entnehmen, daß diese wenig sagende Bestimmung dahin gehe, daß Existenz die Fähigkeit zum Wirken und Leiden ausdrücke. („Was existiert .... steht in Kausalverhältnissen zu der übrigen Welt"; ähnlich S. 91, Anm.: das Existierende ist etwas, was „Wirkungen auf mich und anderes ausüben kann".) Schließlich aber gewinnt es auch noch eine gewisse Wahrscheinlichkeit, daß Sigwart sagen wolle, existierend sei das, was wahrgenommen oder als wahrnehmbar erschlossen werden könne; denn er fügt bei: „daraufhin" (wegen dieser Kausalverhältnisse) „kann auch von dem

Wahrnehmbaren eine bloß erschlossene Existenz behauptet werden."

Daß aber dies alles gleichmäßig verwerflich ist, ist unschwer zu erkennen.

Denn 1. „die Existenz von etwas erschließen" heißt nicht soviel wie „seine Wahrnehmbarkeit erschließen". Wenn z. B. die Existenz von Atomen und leeren Räumen durch Schlüsse gesichert wäre, so darum doch noch lange nicht ihre Wahrnehmbarkeit für uns oder irgend welches andere Wesen. Und wenn einer auf die Existenz eines Gottes schließt, aber darauf verzichtet, den Gedanken anthropomorphistisch zu „beleben", so wird er darum nicht glauben, daß Gott für eine Kreatur oder auch nur für sich selber wahrnehmbar sein müsse.

2. Es wäre von diesem Standpunkt ein Widersinn, wenn einer sagte: „Ich bin überzeugt, daß es vieles giebt, dessen Existenz weder jemals von jemand wahrgenommen noch auch erschlossen werden kann." Denn es würde heißen: „Ich bin überzeugt, daß vieles wahrgenommen oder als wahrnehmbar erschlossen werden kann, was doch nicht wahrgenommen und nicht erschlossen werden kann." — Wer könnte hier verkennen, wie weit Sigwart von dem wahren Begriffe der Existenz abgeirrt wäre!

3. Wenn Sigwart den Begriff der Existenz in der angezogenen Stelle sogar so entschränken wollte, daß er meinte, existierend sei dasjenige, was entweder wahrnehmbar oder aus Wahrnehmbarem zu erschließen oder doch zu Wahrnehmbarem in irgendwelchem ursachlichem Verhältnis befindlich sei: so wäre darauf — wenn anders eine solche monströse Bestimmung des Existenzbegriffes noch einer Widerlegung bedürfen sollte — zu erwidern, daß auch dieser Begriff noch immer zu eng wäre. Wenn ich z. B. sage: es giebt vielleicht einen leeren Raum, aber mit Sicherheit kann dies nie von jemand erkannt werden, so gestehe ich zu, daß dem leeren Raum vielleicht Existenz zukomme, aber ich leugne auf das bestimmteste, daß er wahrnehmbar oder aus Wahrnehmbarem zu erschließen sei. In einem Verhältnis der Ursache oder Wirkung aber kann der leere Raum (der ja doch kein

Ding ist) jedenfalls zu nichts Wahrnehmbarem stehen. Wir hätten also wiederum einen Widersinn als Interpretation einer keineswegs absurden Behauptung.

Wie verkehrt der Existenzbegriff von Sigwart analysiert wird, erweist sich recht einfach auch an folgendem Satze: ein wirklicher Centaure existiert nicht, ein vorgestellter Centaure aber existiert, und zwar so oft, als ich ihn vorstelle. Wem hier nicht der Unterschied des ὂν ὡς ἀληϑές, d. h. im Sinne des Existierenden, vom ὂν im Sinne des Dinglichen (Wesenhaften) klar wird, dem würden, fürchte ich, auch die reichsten Illustrationen durch andere Beispiele kaum mehr zum Verständnis verhelfen.

Doch erwäge man kurz auch noch folgendes: nach Sigwart soll die Erkenntnis der Existenz von etwas in der Erkenntnis der Übereinstimmung eines Vorstellungsinhaltes mit — da ich nicht genau verstehe, was, sagen wir — „NN" bestehn. Was gehört nun dazu, um die Übereinstimmung von etwas mit etwas anderem zu erkennen? Offenbar die Erkenntnis von allem dem, was dazu gehört, damit wirklich diese Übereinstimmung gegeben sei. Dazu gehört nun aber 1.) daß das eine sei, 2.) daß das andere sei und 3.) daß zwischen ihnen das Verhältnis der Identität bestehe; denn was nicht ist, ist weder einem anderen gleich noch von ihm verschieden. Aber die Erkenntnis schon des ersten Stückes für sich ist die Erkenntnis einer Existenz. Also ist die Erkenntnis der beiden übrigen Stücke nicht mehr dazu erforderlich, daß irgendwelche Existenz erkannt werde, und Sigwarts Theorie führt zu einem Widerspruch. Vgl. mit dem hier Erörterten Sigwarts Polemik gegen meine Psychologie, Buch II, Kap. 7 in der Schrift „Die Impersonalien" S. 50 ff. und Logik I, 2. Aufl. S. 89 f. Anm., sowie auch Martys Polemik gegen Sigwart in den Artikeln „Über subjektlose Sätze" in der Vierteljahrsschrift für wissenschaftl. Philosophie VIII, 1 und ff. *

---

* Ich hatte die Kritik von Sigwarts Existenzbegriff bereits geschrieben, als ich auf eine Note zu Logik I, 2. Aufl. S. 390 aufmerksam wurde, die mich nicht veranlaßt, etwas an dem Geschriebenen zu ändern, wohl aber sie zum Vergleiche hier aufzunehmen. „Das «Seiende» überhaupt", sagt Sig-

II.

Wenn Sigwart das Wesen des Urteils im allgemeinen verkennt, so kann er natürlich das des **negativen** Urteils im besonderen nicht begreifen. Er verirrt sich soweit, ihm die Gleichberechtigung als Species neben dem positiven Urteil abzusprechen; kein verneinendes Urteil soll direkt, sein Objekt vielmehr immer ein vollzogenes oder versuchtes Urteil sein. (Logik I, 2. Aufl. S. 150.) Mit dieser Behauptung tritt Sigwart in Gegensatz zu wichtigen psychologischen Bestimmungen, die ich im Vortrag verwerte. Somit scheint es geboten, hier seinen Angriff abzuwehren. Zu dem Behufe will ich zeigen: 1. daß die Lehre Sigwarts schlecht begründet ist; 2. daß sie in eine heillose Verwirrung hineinführt; wie denn Sigwarts bejahendes Urteil ein verneinendes, Sigwarts verneinendes Urteil, wenn überhaupt ein Urteil und nicht bloß der Mangel eines solchen, ein positives ist, und sein positives eigentlich ein verneinendes involviert, und was dgl. mehr ist. 3. endlich will ich — was dank den ausführlichen Mitteilungen Sigwarts möglich scheint — die Genesis seines Irrtums darlegen.

1. Zunächst fragt bei einer so neuen, so auffallend abweichenden Behauptung wohl jeder nach der Begründung. Als solche wird (S. 150) vor allem geltend gemacht, daß das verneinende Urteil keinen Sinn hätte, wenn nicht der Gedanke der positiven Beilegung eines Prädikats vorausgegangen wäre. — Allein was soll dies heißen? Entweder liegt hier eine klare petitio principii vor, oder es kann nicht mehr sagen wollen, als daß eine Verknüpfung von Vorstellungen vorausgegangen sein müsse. Geständen wir nun dies (obwohl es,

---

wart, „kann nicht als wahrer Gattungsbegriff zu dem einzelnen Seienden betrachtet werden; es ist begrifflich betrachtet nur ein gemeinschaftlicher Name. Denn da „Sein" für uns ein Relationsprädikat ist, kann es kein gemeinschaftliches Merkmal sein, es müßte denn gezeigt werden, daß dieses Prädikat in einer dem Begriffe alles Seienden gemeinsamen Bestimmung wurzle." Ich fürchte, der Leser wird sowenig wie ich dadurch über den Existenzbegriff bei Sigwart zur Klarheit gelangen, wohl aber vielleicht noch besser begreifen, warum all mein Ringen danach erfolglos geblieben ist.

wie ich in meiner Psychologie nachgewiesen, nicht richtig ist) für einen Augenblick zu, so wäre, da Sigwart selbst (S. 89 Anm. u. ö.) anerkennt, daß eine solche „subjektive Verknüpfung von Vorstellungen" noch kein Urteil sei, daß vielmehr ein gewisses Gefühl von Nötigung dazukommen müsse, noch immer sein Satz nicht erwiesen.

In dem folgenden (S. 151) wird ein Argument beigefügt, dessen logischen Zusammenhang ich ebensowenig begreife. Es wird richtig bemerkt, daß wir an und für sich ein Recht hätten unabsehbar viele Prädikate von etwas zu verneinen, und ebenso richtig beigefügt, daß wir diese negativen Urteile trotzdem nicht alle wirklich fällten. Und nun — welch ein Schluß wird aus diesen Prämissen gezogen? Etwa der, daß also der Umstand, daß ein gewisses negatives Urteil berechtigt sei, für sich allein noch nicht genüge, um das Eintreten des Urteils zu erklären? — das wäre anstandslos zuzugeben. Aber Sigwart schließt ganz anders; er erlaubt sich zu behaupten, es gehe daraus hervor, daß die fehlende Mitbedingung die sei, daß man die entsprechende positive Behauptung noch nicht versucht habe. Ein kühner Sprung, wahrhaftig! bei welchem meine Logik wenigstens nicht zu folgen vermag. — Und wie, wenn einer weiter früge: warum werden denn die betreffenden positiven Urteile nicht alle wirklich versucht? — Die scheinbarste Antwort, wenigstens was die Beispiele („dieser Stein liest, schreibt, singt, dichtet; die Gerechtigkeit ist blau, grün, fünfeckig, rotiert"), die Sigwart vorführt, anlangt, ist wohl die, daß man es darum unterlasse, weil man das negative bereits mit evidenter Sicherheit gefällt habe; denn dies erklärt hier wohl am besten, warum keine „Gefahr" besteht, „daß jemand dem Stein oder der Gerechtigkeit diese Prädikate beilegen wollte". Zieht aber einer vor zu antworten, die Enge des Bewußtseins mache, daß man unendlich viele positive Urteile zugleich versuche, unmöglich: so lasse ich mir auch diese Auskunft gefallen; nur fragt sich, ob dann nicht dieselbe Berufung schon früher und direkt hätte angewandt werden sollen; gebraucht doch Sigwart selbst für die möglichen negativen Urteile den Ausdruck „unabsehliche Menge".

Auch ist es (schon Marty hebt es hervor) ein seltsamer Irrtum, wenn Sigwart behauptet, daß im Gegensatz zu dem, was für das negative Urteil gelte, „von jedem Subjekt nur eine endliche Anzahl von Prädikaten bejaht" werden könne. Wie? kann man nicht z. B. mit allem Rechte sagen, eine ganze Stunde sei größer als eine halbe, größer als eine Drittel-, größer als eine Viertelstunde, und so fort ins unendliche? — Wenn ich nun trotzdem alle diese Urteile im einzelnen nicht wirklich fälle, so wird dies wohl seine guten Gründe haben, und vor allem schon den, daß die Enge des Bewußtseins damit unverträglich ist. Derselbe dürfte aber dann auch in betreff der negativen Urteile mit bestem Erfolg angewandt werden.

Etwas später begegnen wir einem dritten Argument, bei dem ich, da ich es in meiner Psychologie Buch II, Kap. 7 § 5 bereits zum voraus widerlegt habe, ganz kurz verweile. Wenn das negative Urteil ein direktes und dem affirmativen als Species koordiniertes wäre, so müßte, meint Sigwart (S 155 f.), wer im affirmativen kategorischen Satz die Bejahung, im negativen konsequenterweise die Leugnung des Subjekts involviert denken, was doch nicht der Fall sei. Die letztere Bemerkung ist richtig, die erstere Behauptung aber ganz unstichhaltig; ja sie enthält einen Widerspruch in sich selbst. Denn gerade darum, weil im Bestand eines Ganzen der Bestand eines jeden zu ihm gehörigen Teils involviert ist, genügt es dazu, daß ein Ganzes nicht mehr bestehe, wenn auch nur einer seiner Teile mangelt.

Und so haben wir denn schließlich nur noch einer sprachlichen Erwägung, durch welche Sigwart seine Ansicht zu stützen glaubt, zu gedenken. Ein Zeugnis dafür soll nach ihm auch darin liegen, daß das Zeichen des negativen Urteils durchweg eine Komplikation mit dem Zeichen der Affirmation enthalte; das Wörtchen „nicht" wird ja zum Zeichen der Kopula hinzugefügt. — Blicken wir, um das, was sich thatsächlich hier findet, zu würdigen, für einen Augenblick auf das Gebiet der Gemütsbewegungen hinüber. Sigwart ist wohl mit mir und aller Welt darin einverstanden, daß gefallen und mißfallen, sich freuen und trauern, lieben und hassen u. s. w. einander koordiniert sind. Dennoch findet sich in einer ganzen Reihe von Ausdrücken der Namen für die Abneigung im Gemüte dependent von dem Namen für die Zuneigung gebildet: z. B. „Neigung", „Abneigung"; „gefallen", „mißfallen"; „Lust", „Unlust"; „Wille", „Widerwille"; „froh", „unfroh"; „glücklich", „unglücklich"; „lieb", „unlieb"; „schön", „unschön"; „angenehm", „unangenehm"; sogar „ungut" wird gebraucht. Die Erklärung dafür ist, glaube ich, für den Psychologen trotz der Koordination nicht schwer; sollte da wirklich eine Erklärung für die uns vorliegende, so eng verwandte Erscheinung beim Ausdruck des negativen Urteils, auch unter Annahme der Koordination, gar so schwer sich finden lassen?

In der That, es muß schlimm um eine Sache stehn, wenn Denker wie Sigwart bei so principiell wichtigen und zugleich so ungewöhnlichen Behauptungen zu so schwachen Argumenten ihre Zuflucht nehmen.

2. Sigwarts Gründe für seine Lehre vom negativen Urteil haben sich also sämtlich als hinfällig erwiesen. Und so mußte es ja sein; denn wie könnte eine Lehre sich als wahr erweisen lassen, die alles in die größte Verwirrung bringen würde?

Sigwart sieht sich dazu gedrängt, zwischen positivem und bejahendem Urteil zu unterscheiden; und das bejahende — man höre und staune über die neue Terminologie! — ist nach ihm, genau besehn, ein verneinendes. S. 150 heißt es wörtlich: „das ursprüngliche Urteil darf gar nicht das bejahende genannt werden, sondern wird besser als das positive bezeichnet; denn nur dem verneinenden gegenüber und sofern sie die Möglichkeit einer Verneinung abweist, heißt die einfache Aussage A ist B eine Bejahung" u. s. w. — Sofern sie „abweist"? — was heißt das anders als „sofern sie verneint"? Also wirklich nur Verneinungen würden nach diesem seltsamen neuen Sprachgebrauch Bejahungen zu nennen sein! Das heißt denn doch — und namentlich wenn man auch noch sagt, der Satz A ist B sei manchmal eine solche Verneinung (man vergl. nur die eben citierten Worte) — den Sprachgebrauch mehr als nötig und erträglich in Verwirrung bringen.

Aber nicht bloß die Bejahung ist — wie sich herausstellt — nach Sigwart eigentlich eine Verneinung; sondern, so paradox es klingt, seine Verneinung erweist sich, genau besehn, als ein positives Urteil. Sigwart protestiert zwar gegen die, welche wie Hobbes alle Verneinungen als positive Urteile mit negativen Prädikaten fassen wollen. Aber wenn nicht dies, so müssen sie nach i h m positive Urteile mit positiven Prädikaten sein; denn ihr Subjekt, lehrt er, sei jedesmal ein Urteil, ihr Prädikat aber der Begriff ungültig. S. 160 sagt er in der Anmerkung, die Negation hebe die Vermutung auf und spreche ihr die Gültigkeit ab, und diese Worte für sich würden es allerdings nahelegen zu glauben, Sigwart nehme hier eine besondere Funktion des Absprechens, konträr der Funktion des Zusprechens, an. Aber nein! eine negative Kopula (vgl. S. 153) soll es ja nach ihm nicht geben. Was in aller Welt soll man sich nun unter dem „Absprechen" denken? Soll es das einfache „Aufhörenlassen" des positiven Urteils über die entsprechende Materie, also (nach Sigwart) der Wegfall des Gefühls der Nötigung sein, das zuvor mit einer Begriffsverknüpfung gegeben war? Unmöglich! denn dieses Wegfallen würde einen Zustand herbeiführen, in welchem, weder anerkannt noch geleugnet, die Vorstellungsverknüpfung zurückbliebe. Wie oft wird uns nicht etwas, was uns gewiß war, ungewiß, ohne daß wir es darum leugnen! — Was ist nun dieses Leugnen? Können wir vielleicht sagen, daß es nach Sigwart ein Sich=genötigt=fühlen zum Aufheben sei, wie das Anerkennen ein Sich=genötigt=fühlen zum Setzen? Wir müßten dann sagen, daß wir, solange wir ein negatives Urteil fällten, immer das positive Urteil zu fällen versuchten und uns doch gehindert fühlten es zu thun. — Aber dies Bewußtsein hat auch der, welcher sich des bloßen Mangels an positiver Begründung klar bewußt ist; wer bringt es denn fertig etwas zu glauben, was er zugleich für ganz unbegründet hält? Von keinem, zumal wenn man Sigwarts Definition des Urteils als Maßstab anlegt, wird das denkbar sein; also jeder in solchem Falle beim Versuche sein Mißlingen erfahren. Wir haben demnach hier immer noch nicht das negative Urteil vor uns. — Bedeutet das Absprechen keine negative

Kopula, so muß es also offenbar als ein Fall des Zusprechens des Prädikats „falsch", als seine Ineinssetzung (um mit Sigwart zu sprechen) mit dem als Subjekt in Frage kommenden Urteil zu betrachten sein. Dieses „falsch" kann auch nicht einfach soviel heißen als „nicht wahr", denn „nicht wahr" kann ich von unzähligen Dingen aussagen, bei welchen das Prädikat „falsch", wie es gewissen Urteilen zukommt, nicht am Platze ist. Wenn nur Urteile wahr sind, so kommt allem, was kein Urteil ist, das Prädikat „nicht wahr", aber darum keineswegs das Prädikat „falsch" zu. „Falsch" müßte also als ein positives Prädikat gefaßt werden; und so hätten wir denn faktisch, so gewiß das bloße Nicht=überzeugt=sein keine Leugnung ist, von dem principiell verfehlten Standpunkt Sigwarts aus keine Wahl, wir müßten jedes negative Urteil für ein positives Urteil mit einem positiven Prädikate erklären. Da hätten wir also ein zweites und größeres Paradoxon.

Aber nun tritt noch ein drittes hervor, was die Verwirrung vollendet. Untersucht man nämlich, wie Sigwart das Wesen des Urteils im allgemeinen faßt, so kann man aufs deutlichste nachweisen, daß sein einfaches positives Urteil selbst wieder ein negatives involviert. Nach ihm gehört nämlich zu jedem Urteil außer einer gewissen Vorstellungsverknüpfung ein Bewußtsein der Notwendigkeit unseres Einssetzens und der Unmöglichkeit des Gegenteils (vgl. bes. S. 102), ja das Bewußtsein einer solchen Notwendigkeit und Unmöglichkeit für alle denkenden Wesen (vgl. ebend. u. S. 107) — was, nebenbei gesagt, freilich ebenso falsch ist wie Sigwarts ganze Auffassung vom Wesen des Urteils überhaupt. Alle Urteile ohne Ausnahme nennt darum Sigwart um dieser Eigentümlichkeit willen apodiktisch und will zwischen assertorischem und apodiktischem Urteil keinen Unterschied gelten lassen (vgl. S. 229 ff). Ich frage nun: haben wir hier nicht deutlich ein negatives Urteilen involviert? Oder was für einen Sinn hätte es noch, wenn man Sigwart von einem „Bewußtsein der Unmöglichkeit des Gegenteils" sprechen hört? Und noch mehr! ich habe schon in meiner Psychologie (S. 283) nachgewiesen, wie alle allgemeinen Urteile negativ sind; denn von der Allgemeinheit überzeugt sein heißt nichts anderes als überzeugt sein, daß keine Ausnahme besteht; wenn diese Negation nicht hinzukommt, helfen die weitgehendsten Anhäufungen positiver Behauptungen nicht, um den Glauben an Allgemeinheit zu konstituieren. Wenn also hier von einem Bewußtsein, daß man allgemein so denken müsse, gesprochen wird, so liegt darin aufs neue ein Beleg für das, was ich behaupte, daß nämlich nach Sigwarts Urteilslehre das einfachste positive Urteilen ein negatives Urteilen involvieren müßte. Und nun sollten wir doch zugleich glauben, daß das negative Urteil, wie S. 159 f. ausgeführt wird, relativ spät entstanden, und darum, wie auch aus andern Gründen, unwürdig sei dem positiven als ebenbürtige Species zur Seite gestellt zu werden? — Sigwart hätte uns dies gewiß nicht zumuten können, wenn er alles das, was ich hier entwickelte, und was man, je sorgfältiger man es erwägt, um so deutlicher in seinen oft schwierig verständlichen Aufstellungen eingeschlossen finden wird, sich zum Bewußtsein gebracht hätte. Natürlich, daß man auch auf Aussprüche hinweisen kann, worin Sigwart von dem oder jenem, was ich hier im einzelnen deducierte, das Gegenteil sagt; denn das ist, wo alles in solcher Unklarheit geblieben ist, und wo die Klärung die mannigfachsten Widersprüche zu Tage treten läßt, nicht anders zu erwarten.

3. Zeigen wir schließlich auch noch die Genesis des Irrtums, in welchem ein so angesehener Logiker, nachdem er das Wesen des Urteils verkannt, bei einer verhältnismäßig einfachen Frage sich verstricken konnte. Das Proton Pseudos bestand in dem von der älteren Logik ererbten Wahne, zum Wesen des Urteils gehöre eine Beziehung von zwei Vorstellungen aufeinander. Diese Beziehung hatte schon Aristoteles als Verbinden und Trennen ($\sigma\acute{u}\nu\vartheta\varepsilon\sigma\iota\varsigma$ $\varkappa\alpha\acute{\iota}$ $\delta\iota\alpha\acute{\iota}\varrho\varepsilon\sigma\iota\varsigma$) bezeichnet, freilich indem er sich der unvollkommenen Konvenienz der Ausdrücke bewußt war; sagt er doch geradezu, man könne in gewisser Weise auch beide Beziehungen als Verbinden ($\sigma\acute{u}\nu\vartheta\varepsilon\sigma\iota\varsigma$) bezeichnen (vgl. De Anim. III, 6). Die scholastische und die moderne Logik hielten an den Ausdrücken „verbinden" und „trennen" fest; die Grammatik aber bezeichnete beide Beziehungen als „Verbindung" und nannte das Zeichen dafür „Kopula". Sig-

wart macht nun ernst mit den Ausdrücken „verbinden" und „trennen", und so erscheint ihm eine negative Kopula wie ein Widersinn (vgl. S. 153), das positive Urteil aber als Voraussetzung des negativen, da man, ehe die Verbindung hergestellt ist, sie nicht trennen kann. Und so konnte es ihm begegnen, daß ihm ein negatives Urteil ohne vorausgegangenes positives geradezu als sinnlos erschien (vgl. S. 150 und die obigen Ausführungen). Infolge davon finden wir ihn in einer Lage, welche den bedeutenden Forscher dazu bringt, die energischten aber hoffnungslosesten Anstrengungen zu machen; das negative Urteil ist nicht mehr begreiflich.

In einer Anmerkung S. 159 f. giebt er uns als ein Ergebnis solcher Bemühungen, bei welchem er schließlich selbst sich beruhigen zu können glaubt, eine merkwürdige Schilderung des Vorganges, wie wir zum negativen Urteil kämen. Sie läßt dem Aufmerksamen seine successiven Versehen, jedes an seinem Punkt, sozusagen in die Augen springen. Da, wo er zum negativen Urteil zu gelangen glaubt, hat er es längst schon anticipiert.

Er geht aus von der richtigen Bemerkung, daß unsere ersten Urteile überhaupt positiver Art gewesen seien. Diese Urteile seien mit Evidenz und mit aller Zuversicht gefällt worden. „Nun greift jedoch", fährt er fort, „unser Denken über das Gegebene hinaus; vermittelt durch Erinnerungen und Associationen, entstehen Urteile, die zunächst ebenso mit dem Gedanken gebildet werden, daß sie das Wirkliche ausdrücken", [d. h. nach andern Äußerungen Sigwarts, daß auch sie mit dem Bewußtsein objektiver Gültigkeit die Vorstellungen verknüpfen, denn dies gehört nach § 14 S. 98 zum Wesen des Urteils] „z. B. wenn wir das Bekannte am bekannten Orte zu finden erwarten oder von einer Blume voraussetzen, daß sie riecht. Aber nun ist ein Teil des so Vermuteten mit dem unmittelbar Gewissen im Widerstreit" [hier unterläßt Sigwart zu zeigen, wie wir, da wir noch nicht im Besitze von negativen Urteilen und negativen Begriffen sind, etwas als „widerstreitend" zu erkennen vermögen; ja die Schwierigkeit tritt noch schärfer hervor, wenn er fortfährt:] „wir werden uns, wenn wir das Erwartete nicht finden, des Unterschieds zwischen dem bloß Vorgestellten und dem Wirklichen bewußt." [Was heißt hier „nicht finden"? Gefunden hatte ich es auch vorher nicht; offenbar finde ich aber nun, daß das, was ich mit dem andern verbunden wähnte, ohne jenes ist, was ich nur thun kann, indem ich das eine anerkenne, das andere leugne, als nicht mit ihm seiend erkenne. Ferner, was heißt hier „Unterschied"? Die Verschiedenheit erkennen heißt erkennen, daß von zweien eines nicht das andere ist. Was heißt „bloß Vorgestelltes"? Offenbar „Vorgestelltes, welches nicht zugleich auch Wirkliches ist". Sigwart bemerkt aber, scheint's, immer noch nicht, daß er die negative Urteilsfunktion sich bereits hat vollziehen lassen. Er fährt fort:] „Dasjenige, dessen wir unmittelbar gewiß sind, ist ein anderes als das," [d. h. wohl: es ist nicht dasselbe, ja es ist unmöglich vereinbar mit demjenigen,] „was wir anticipierend geurteilt haben; und jetzt" [also nachdem wir, und weil wir alle diese negativen Urteile schon gefällt haben] „tritt die Negation ein, welche die Vermutung aufhebt und ihr die Gültigkeit abspricht. Damit tritt ein neues Verhalten ein, sofern die subjektive Kombination von dem Bewußtsein der Gewißheit getrennt wird; es wird die subjektive Kombination mit einer gewissen verglichen und ihr Unterschied von dieser erkannt; daraus entspringt der Begriff der Ungültigkeit." Das letzte sieht schier einer Nachlässigkeit des Ausdrucks gleich; denn wenn „ungültig" soviel heißen soll wie „falsch" und nicht soviel wie „ungewiß", so kann es nicht aus dem Unterschied zwischen einer Kombination ohne Gewißheit und einer Kombination, die gewiß ist, sondern nur aus dem Gegensatz einer verworfenen Kombination zu einer anerkannten entnommen werden. In Wahrheit ist das widerstreitende anerkennende Urteil aber gar nicht dazu nötig. Der Widerstreit, die Unvereinbarkeit der Merkmale in einem Wirklichen erhellt schon auf Grund der Begriffsverknüpfung der einander widerstreitenden Merkmale, welche, wie ich nochmals wiederhole, nach Sigwart selbst (S. 89 Anm. und S. 98 ff.) noch kein Versuch zu positivem Urteil genannt werden kann. Mag auch dieser dann und wann bei einer widerstreitenden Materie gemacht werden; immer geschieht es sicher nicht. Wenn z. B. einer mir die Frage vorlegt: Giebt es ein regelmäßiges Tausendeck von tausend und ein Seiten?, so mache ich, wenn ich, wie es wohl bei den meisten der Fall sein wird, schon vorher mir darüber klar gewesen bin, daß ich überhaupt nicht sicher sein könne, daß es ein regelmäßiges Tausendeck gebe, gewiß nicht erst den Versuch zu urteilen, d. h. nach Sigwart mit Zuversicht anzunehmen, daß es ein regelmäßiges Tausendeck von tausend und ein Seiten gebe, ehe ich auf Grund des Widerstreits der Bestimmungen negativ urteile, daß es keines gebe.

Das Verneinen, das Absprechen, das Sigwart selbst, wie sich häufig verrät (vgl. z. B. S. 152, ja sogar S. 150), doch im Grunde trotz seines Kampfs gegen eine negative Kopula als eine in ihrer Natur ebenso besondere Funktion des Urteilens anerkennt und anerkennen muß wie das Annehmen oder Zusprechen, ist darum auch dem Umfange seiner Anwendung nach keineswegs so beschränkt, wie Sigwart irrtümlich behauptet. Es ist falsch, daß, wo etwas abgesprochen wird, dieses immer nur das Merkmal „gültig" sei. Selbst einem Urteil kann bald Gültigkeit bald Sicherheit bald Apriorität und anderes mehr abgesprochen werden. Und ebenso kann das Subjekt bei der Funktion in freiester Weise wechseln. Man kann wie einem Urteil Sicherheit und Gültigkeit, auch einer Bitte Bescheidenheit, und so überhaupt, allgemein ausgedrückt, einem A ein B absprechen. Sigwart selbst thut es gewiß so gut wie jeder andere. Ja unwillkürlich spricht er zuweilen richtiger, als seine Theorie es erlaubt, und bezeugt sozusagen instinktiv die Wahrheit; wie z. B. S. 151, wo er erklärt, nicht daß nur von Urteilen das Prädikat gültig, sondern „daß von jedem Subjekt... eine unabsehliche Menge von Prädikaten verneint werden könne". Das ist sicher richtig, und eben darum wird es denn auch bei der alten Koordination der zwei Species sein Bewenden haben.

24. (S. 16 u. S. 23) Der Entdeckung, daß jeder Akt der Liebe ein „Gefallen", jede Bethätigung des Hasses ein „Mißfallen" sei, war Descartes, als er das zweite Buch seiner inhaltreichen kleinen Schrift

über die Affekte schrieb, ganz nahe. Im zweiten Buche (Des Passions II, art. 139) sagt er: „Lorsque les choses qu'elles" (l'amour et la haine) „nous portent à aimer sont veritablement bonnes, et celles qu'elles nous portent à haïr, sont veritablement mauvaises, l'amour est incomparablement meilleure que la haine; elle ne saurait être trop grande, et elle ne manque jamais de produire la joie." Und damit stimmt es, wenn er wenig später (art. 140) bemerkt: „La haine, au contraire, ne saurait être si petite qu'elle ne nuise, et elle n'est jamais sans tristesse."

Indes gebraucht man im gemeinen Leben die Ausdrücke „Freude" und „Trauer", „Lust" und „Unlust" nur da, wo das Gefallen und Mißfallen einen gewissen Grad von Lebhaftigkeit erreichen. Eine scharfe Grenze bei dieser unwissenschaftlichen Scheidung besteht nicht; doch mögen wir uns, so wie sie eben ist, nach wie vor im Gebrauche daran halten. Es genügt, daß die Ausdrücke „gefallen" und „mißfallen" durch eine solche Schranke nicht beengt sind.

25. (S. 17) Die Ausdrücke „wahr" und „falsch" gebrauchen wir in mehrfachem Sinne; einmal nennen wir so die wahren und falschen Urteile; dann aber (die Bedeutung etwas mobificierend) auch Gegenstände, wie wenn wir sagen „ein wahrer Freund", „falsches Geld". Ich brauche kaum zu bemerken, daß ich, wenn ich hier im Vortrag die Worte „wahr" und „falsch" gebrauche, nicht die erste und eigentliche, sondern eine auf die Gegenstände übertragene Bedeutung damit verbinde. Wahr ist so das, was ist; falsch das, was nicht ist. Wie Aristoteles sagte: „ὂν ὡς ἀληθές", so könnte man auch sagen „ἀληθές ὡς ὄν".

Von der Wahrheit im eigentlichsten Sinne hat man oft gesagt, sie sei die Übereinstimmung des Urteils mit dem Gegenstande (adäquatio rei et intellectus, sagten die Scholastiker). Dieser Ausspruch, in gewissem Sinne richtig, ist doch im höchsten Grade mißverständlich und hat zu schweren Irrtümern geführt. Man deutete die Übereinstimmung als eine Art Identität zwischen etwas, was in dem Urteile oder in der diesem zu Grunde liegenden Vorstellung enthalten sei, mit etwas außerhalb des Geistes Befindlichem.

Aber dies kann der Sinn hier nicht sein; „übereinstimmen" heißt hier vielmehr soviel als „konvenient sein", „in Einklang stehen", „passen", „entsprechen". Es ist, wie wenn einer auf dem Gebiete der Gemütsthätigkeit sagen wollte, die Richtigkeit der Liebe und des Hasses bestehe in der Übereinstimmung der Gemütsthätigkeit mit dem Gegenstande. Wohl verstanden, wäre auch dies unzweifelhaft richtig; wer richtig liebt und haßt, dessen Gemüt verhält sich den Gegenständen abäquat, d. h. es verhält sich konvenient, passend, entsprechend: dagegen wäre es offenbar abgeschmackt, wenn einer glaubte, es finde sich bei der richtigen Liebe und dem richtigen Hasse eine Identität zwischen ihnen, oder auch den ihnen zu Grunde liegenden Vorstellungen, auf der einen und irgend etwas außerhalb des Gemütes auf der andern Seite, die bei unrichtigem Verhalten des Gemütes fehle. Mit manchem andern hat auch dieses Mißverständnis dazu beigetragen, die Lehre vom Urteil in jene traurige Verwirrung zu bringen, aus welcher Psychologie und Logik sich heute so mühsam herausarbeiten.

Die Begriffe der Existenz und Nichtexistenz sind die Korrelate der Begriffe der Wahrheit (einheitlicher) affirmativer und negativer Urteile. Wie zum Urteil das Beurteilte, zum affirmativen Urteil das affirmativ, zum negativen das negativ Beurteilte gehört: so gehört zur Richtigkeit des affirmativen Urteils die Existenz des affirmativ Beurteilten, zur Richtigkeit des negativen die Nichtexistenz des negativ Beurteilten; und ob ich sage, ein affirmatives Urteil sei wahr, oder, sein Gegenstand sei existierend; ob ich sage, ein negatives Urteil sei wahr, oder, sein Gegenstand sei nichtexistierend: in beiden Fällen sage ich ein und dasselbe. Ebenso ist es darum wesentlich ein und dasselbe logische Princip, wenn ich sage, in jedem Falle sei entweder das (einheitliche) affirmative oder negative Urteil wahr, oder, jegliches sei entweder existierend oder nichtexistierend.

Hiernach ist z. B. die Behauptung der Wahrheit des Urteils, daß ein Mensch gelehrt sei, das Korrelat der Behauptung der Existenz seines Gegenstandes, „ein gelehrter Mensch", und die Behauptung der Wahrheit des Urteils, daß kein Stein lebendig sei, das Korrelat der Behauptung der Nichtexistenz seines Gegenstandes,

„ein lebendiger Stein". Die korrelaten Behauptungen sind hier, wie überall, untrennbar eins. Es ist wie bei den Behauptungen, daß $A > B$ und daß $B < A$ sei, daß A B bewirke und daß B von A bewirkt werde.

26. (S. 18) Der Begriff des (in sich selbst) Guten ist hiernach ein einheitlicher im strengen Sinne, und nicht, wie Aristoteles (infolge einer Verirrung, auf die wir noch zu sprechen kommen werden) lehrte, bloß in analoger Weise einer. Auch deutsche Philosophen verkannten die Einheit des Begriffes. So Kant und jüngst wieder Windelband. Verführerisch mochte für Deutsche ein Mangel unserer gewöhnlichen Sprache werden, die dem „Guten" keinen überall gleichmäßig üblichen Ausdruck entgegenstellt, sondern seinen Gegensatz bald als schlimm bald als übel bald als böse bald als arg bald als abscheulich bald als schlecht bezeichnet u. s. w. Da konnte es denn, wie gar oft in ähnlichen Fällen, geschehen, daß man mit dem gemeinsamen Namen auch eines gemeinsamen Begriffes zu entbehren glaubte. Und fehlte ein solcher auf der einen Seite, so mußte er auch auf der andern fehlen, und der Ausdruck „gut" ein äquivoker Name sein.

Von allen erwähnten scheint mir (und auch Philologen, die ich zu Rate zog, waren derselben Ansicht) der Ausdruck „schlecht" noch am meisten, wie das lateinische „malum", in voller Allgemeinheit dem Guten gegenüber verwendbar, und so werde ich ihn im folgenden mir zu gebrauchen erlauben.

Daß ich an einem gewissen gemeinsamen Charakter der intentionalen Beziehung von Liebe und Haß festhalte, schließt nicht aus, daß ich daneben Besonderheiten für einzelne Fälle anerkenne. Wenn darum auch „schlecht" ein wahrhaft allgemeiner einheitlicher Klassenbegriff ist, so mögen doch in seinem Bereiche specielle Klassen unterschieden werden, von welchen die eine passend als „böse", die andere als „übel" u. s. w. zu bezeichnen ist.

27. (S. 20) Der Unterschied der evidenten von den blinden Urteilen ist etwas zu Auffallendes, um nicht irgendwie beachtet zu werden. Selbst der skeptische Hume ist weit davon entfernt, ihn in Abrede zu stellen. Die Evidenz kommt nach ihm (Enqu. on

hum. understand. IV) einerseits den analytischen Urteilen (zu welchen auch die Axiome der Mathematik und die mathematischen Demonstrationen gehören sollen) und andererseits gewissen Wahrnehmungen, nicht aber den sogenannten Erfahrungssätzen zu. Hier leite nicht die Vernunft, sondern in völlig unvernünftiger Weise die Gewohnheit; der Glauben sei hier instinktiv und mechanisch (ebend. V).

Aber eine Thatsache bemerken heißt noch nicht sie sich in ihrem Wesen klar und deutlich machen. Ist das Wesen des Urteils bis in die neueste Zeit fast allgemein mißkannt worden, wie sollte das der Evidenz richtig verstanden worden sein? Ja hier hat selbst Descartes sein Scharfblick verlassen. Wie sehr ihm die Erscheinung in die Augen fällt, dafür zeuge eine Stelle aus den Meditationen: „Cum hic dico me ita doctum esse a natura (er spricht von der sogenannten äußern Wahrnehmung) intelligo tantum spontaneo quodam impetu me ferri ad hoc credendum, non lumine aliquo naturali mihi ostendi esse verum, quae duo multum discrepant. Nam quaecunque lumine naturali mihi ostenduntur (ut quod ex eo quo dubitem sequatur me esse, et similia) nullo modo dubia esse possunt, quia nulla alia facultas esse potest, cui aeque fidam ac lumini isti, quaeque illa non vera esse possit docere; sed quantum ad impetus naturales jam saepe olim judicavi me ab illis in deteriorem partem fuisse impulsum cum de bono eligendo ageretur, nec video cur iisdem in ulla alia re magis fidam". (Medit. III).

Daß Descartes die Evidenz nicht aufgefallen sei, daß er den Unterschied zwischen Einsicht und blindem Urteil nicht bemerkt habe, kann man hienach gewiß nicht sagen. Aber er, der die Klasse des Urteils von der des Vorstellens scheidet, läßt doch den auszeichnenden Charakter der Evidenz, den die einsichtigen Urteile haben, in der Klasse des Vorstellens zurück. Sie soll in einer besondern Auszeichnung der Perception d. i. der Vorstellung bestehn, die dem Urteil zu Grunde liegt. Ja Descartes geht soweit dieses Vorstellen geradezu ein „cognoscere", ein „Erkennen" zu nennen. Ein Erkennen also und doch kein Urteilen! — Das sind rudimentäre Glieder, welche uns nach dem Fortschritt, den die Lehre vom Urteil durch Descartes gemacht, an eine überwundene Lebensstufe der Psychologie erinnern; nur mit dem Unterschied gegenüber ähnlichen Erscheinungen in der Entwicklungsgeschichte der Arten, daß diese Glieder, in keiner Weise angepaßt, im höchsten Grade störend werden, ja alle ferneren Bemühungen Descartes' für die Erkenntnistheorie erfolglos machen. Er bleibt, um mit Leibniz zu sprechen, „im Vorzimmer der Wahrheit" (vgl. hier auch Anm. 28 gg. Ende). Nur so wird Descartes' clara et distincta perceptio, von welcher selbst man so schwer eine klare und deutliche Vorstellung gewinnt, in ihrer eigentümlichen Zwitterhaftigkeit vollkommen verständlich. Zu helfen ist hier nur, wenn man das, was die Einsicht gegenüber anderen Urteilen auszeichnet, als innere Eigentümlichkeit in dem Akte des Einsehens selber sucht.

Freilich haben manche, die sie hier suchten, sie dennoch nicht gefunden. Wir sahen (vgl. Anm. 23), wie Sigwart das Wesen des Urteils faßt. Es gehört, lehrt er, dazu ein Beziehen von Vorstellungen aufeinander und nebstdem ein darauf bezügliches Gefühl des Genötigtseins (vgl. § 14 und § 31, bes. 4 u. 5). Ein solches besteht darum immer, auch im Falle des blindesten Vorurteils. Es ist dann anormal, wird aber (wie Sigwart ausdrücklich erklärt) für normal und allgemeingültig gehalten. Und was ist nun im Unterschiede von diesem Falle im Falle der Einsicht gegeben? Sigwart sagt, seine Evidenz bestehe in diesem selben Gefühle (vgl. z. B. § 3), welches aber dann nicht bloß für normal und allgemeingültig gehalten werde, sondern auch normal und allgemeingültig sei.

Mir scheint, das Bedenkliche dieser Theorie springt in die Augen; sie ist aus vielfachem Grunde verwerflich.

1. Die Eigentümlichkeit der Einsicht, die Klarheit, Evidenz gewisser Urteile, von der ihre Wahrheit untrennbar ist, hat wenig oder nichts mit einem Gefühle der Nötigung zu thun. Mag es sein, daß ich augenblicklich nicht umhin kann so zu urteilen: in dem Gefühl einer Nötigung besteht das Wesen jener Klarheit nicht: und kein Bewußtsein einer Notwendigkeit, so zu urteilen, könnte als

solches die Wahrheit sichern. Wer beim Urteilen an keinen Indeterminismus glaubt, der hält alle Urteile unter den Umständen, unter welchen sie gefällt werden, für notwendig, aber — und mit unleugbarem Rechte — darum doch nicht alle für wahr.

2. Sigwart, indem er das Bewußtsein der Einsicht in einem Gefühle der Denknotwendigkeit finden will, behauptet, dieses Bewußtsein eigener Nötigung sei zugleich ein Bewußtsein der Notwendigkeit für alle Denkenden, welchen dieselben Gründe vorliegen. Wenn er aber meint, die eine Überzeugung knüpfe sich hier zweifellos an die andere, so ist dies ein Irrtum. Warum doch sollte, wenn der eine auf gewisse Data hin ein Urteil zu fällen genötigt ist, jeder andere Denkende, dem sie ebenso gegeben sind, derselben Nötigung unterliegen? Offenbar könnte nur die Berufung auf das Kausalgesetz, welches unter gleichen Vorbedingungen gleiche Wirkungen fordert, den logischen Zusammenhang vermitteln. Seine Anwendung in unserem Falle wäre aber eine ganz fehlerhafte; denn sie involvierte das Übersehen der besonderen psychischen Dispositionen, die, obwohl sie gar nicht direkt ins Bewußtsein fallen, nebst den bewußten Daten als Vorbedingungen in Betracht kommen und bei verschiedenen Personen sehr verschieden sind. Hegel und seine Schule haben, durch Paralogismen beirrt, den Satz des Widerspruchs geleugnet, Trendelenburg, der Hegel bekämpft, hat seine Gültigkeit wenigstens restringiert (vgl. s. Abhandlungen über Herbarts Metaphysik). Die allgemeine Unmöglichkeit den Satz innerlich zu leugnen, die Aristoteles behauptet hat, ist demnach heute nicht mehr zu verteidigen; für Aristoteles selbst aber, der den Satz mit Evidenz einsah, war gewiß seine Leugnung unmöglich.

Was einer einsieht, ist allerdings wie für ihn so für jeden andern, der es in derselben Weise einsieht, sicher. Auch kommt dem Urteile, dessen Wahrheit einer einsieht, immer Allgemeingültigkeit zu; d. h. es kann von dem, was er einsieht, nicht ein anderer das Gegenteil einsehen, und jedermann irrt, der das Gegenteil davon glaubt. Auch mag, da was ich hier sage zum Wesen der Wahrheit gehört, wer etwas als wahr einsieht, erkennen, daß er es als eine Wahrheit für alle zu betrachten berechtigt ist. Aber es hieße sich einer starken Begriffsverwechslung schuldig machen, wenn man aus einem solchen Bewußtsein der Wahrheit für alle das Bewußtsein einer allgemeinen Denknötigung machen wollte.

3. Sigwart verwickelt sich in eine Menge von Widersprüchen. Er behauptet und muß behaupten — wenn er nicht den Skeptikern weichen und seine ganze Logik fahren lassen will — daß die evidenten von den nicht evidenten Urteilen nicht bloß verschieden, sondern auch im Bewußtsein unterscheidbar seien. Es müssen also die einen, nicht aber die andern als normal und allgemeingültig erscheinen. Aber wenn die evidenten wie die nicht evidenten Urteile das Bewußtsein der Allgemeingültigkeit mit sich führen, so scheinen die einen zunächst wie die andern sich darzubieten, und nur etwa nachträglich (oder auch gleichzeitig aber nebenher) und in Reflexion auf irgendwelches Kriterium, das man als Maßstab daran heranbrächte, könnte der Unterschied entdeckt werden. Wirklich finden sich Stellen bei Sigwart, wo er von einem Bewußtsein der Übereinstimmung mit den allgemeinen Regeln spricht, das die vollkommen evidenten Urteile begleite (vgl. z. B. I. 2. Aufl. § 39 S. 311). Aber abgesehen davon, daß dies der Erfahrung widerspricht — man hat längst vor der Entdeckung des Syllogismus mit aller Evidenz syllogistisch geschlossen — ist es auch schon darum zu verwerfen, weil es, da die Regel selbst gesichert werden muß, entweder zu einem Regreß ins unendliche oder zu einem circulus vitiosus führen würde.

4. Einem andern Widerspruche, den ich bei Sigwart konstatiere, (obwohl er, auch nach seiner irrigen Fassung des Wesens des Urteils und des Wesens der Evidenz, meines Erachtens, noch vermeidlich gewesen wäre) begegnen wir in seiner Lehre vom Selbstbewußtsein. Die Erkenntnis: ich bin, soll nur evident und ohne Bewußtsein der Denknotwendigkeit und der Notwendigkeit für alle stattfinden. (Nicht anders wenigstens vermag ich die Worte I. 2. Aufl. S. 310 zu verstehen: „Die Gewißheit, daß ich bin und denke, ist die absolut letzte und fundamentale, die Bedingung alles Denkens und aller Gewißheit überhaupt; hier kann nur von der unmittelbaren Evidenz

die Rede sein, man kann nicht einmal sagen, daß dieser Gedanke notwendig ist, sondern er ist vor aller Notwendigkeit. Und ebenso unmittelbar und evident ist die Gewißheit des Bewußtseins, daß ich dieses und dieses denke; sie ist mit meinem Selbstbewußtsein unauflöslich verflochten, das eine mit dem anderen gegeben.") Dies erscheint nach seinen früher betrachteten Lehren wie eine contradictio in adjecto, die keine Verteidigung zuläßt.

5. Weitere Widersprüche zeigen sich bei Sigwarts sehr eigentümlicher und bedenklicher Lehre von den Postulaten, die er den Axiomen entgegenstellt. Letztere sollen auf Grund eigentlicher Denknotwendigkeit, erstere nicht aus rein intellektuellen Motiven, sondern aus psychologischen Motiven anderer Art, aus praktischen Bedürfnissen, als gewiß angenommen werden (I. 2. Aufl. S. 412 f.). Das Kausalgesetz z. B. ist nach ihm kein Axiom, sondern ein bloßes Postulat; wir nehmen es als gewiß an, weil wir finden, daß wir, ohne dasselbe zu statuieren, die Natur nicht würden erforschen können. Indem Sigwart das Kausalgesetz in solcher Weise annimmt, also nur aus gutem Willen als wahr statuiert, daß Gleichförmigkeit des Werdens unter gleichen Bedingungen durchweg in der Natur bestehe, hält er es offenbar für wahr ohne Bewußtsein der Denknotwendigkeit, was doch, wenn alles Fürwahrhalten ein Urteilen ist, sich mit seiner Wesensbestimmung des Urteils nicht verträgt. Ich sehe für Sigwart hier nur den einen Ausweg, zu sagen, an das, was er als Postulat für „gewiß" (!) annehme, wie z. B. an das Kausalgesetz in der Natur, glaube er nicht; dann aber wird er auch kaum ernstlich darauf hoffen.

6. Dieser Punkt wird noch bedenklicher, wenn man an das zuvor (unter 2) Erörterte zurückdenkt. Das Bewußtsein allgemeiner Denknotwendigkeit gehört nach Sigwart zwar nicht zum Postulat, wohl aber zum Axiome (vgl. unter 5). Aber das Bewußtsein dieser allgemeinen Denknotwendigkeit könnte Sigwart mit einigem Schein nur etwa auf Grund des allgemeinen Kausalgesetzes in dem Bewußtsein der eigenen Denknötigung uns offenbar werden lassen. Und nun ist dieses Kausalgesetz selbst bloßes Postulat; es entbehrt der

Evidenz. Offenbar ist also auch die allgemeine Denknotwendigkeit bei den Axiomen Postulat, und somit verlieren sie das Wesentlichste, was sie nach Sigwart vor den Postulaten auszeichnet. Hierzu mag es dann recht wohl stimmen, wenn Sigwart (§ 3) den Glauben an die Zuverlässigkeit der Evidenz ein „Postulat" nennt. Wie aber der Ausspruch bei solcher Interpretation mit allem übrigen zusammenstimmen könnte, vermag ich nicht zu fassen.

7. Sigwart stellt (§ 31) den Unterschied von assertorischen und apodiktischen Urteilen in Abrede, weil jedem Urteile das Gefühl der Notwendigkeit der Funktion wesentlich sei. Sonach hängt diese Behauptung ebenfalls mit seiner irrigen Grundanschauung vom Urteil zusammen; er identificiert scheint's das Gefühl, das er manchmal Gefühl der Evidenz nennt, mit dem Charakter des Apodiktischen. Es wäre aber sehr zu mißbilligen, wenn man die modale Besonderheit mancher Urteile, wie z. B. des Satzes des Widerspruchs, gegenüber andern, wie z. B. dem Selbstbewußtsein, daß ich bin, übersähe; beim ersten handelt es sich um „notwendig wahr oder falsch", beim andern nur um „thatsächlich wahr oder falsch", obwohl beide im gleichen Sinn des Wortes evident sind und sich in Ansehung ihrer Sicherheit nicht unterscheiden. Nur aus Urteilen wie die ersteren, nicht aber aus solchen wie die letzteren schöpfen wir die Begriffe der Unmöglichkeit und Notwendigkeit.

Daß Sigwart, auch was diese Bekämpfung des apodiktischen Urteils als besonderer Klasse betrifft, gelegentlich gegen sich selbst Zeugnis giebt, erhellt aus dem schon oben (unter 4) Erwähnten. Die Erkenntnis: ich bin, nennt er gegenüber der Erkenntnis eines Axioms die einer einfach thatsächlichen Wahrheit (ebend. S. 312). Hier spricht er besser, als seine allgemeinen Aufstellungen es ihm noch gestatten.

Sigwarts Lehre von der Evidenz ist also wesentlich irrig. Wie nicht von Descartes, so kann freilich gewiß auch von ihm nicht gesagt werden, daß er das Phänomen nicht bemerkt habe; man muß ihm sogar nachrühmen, daß er mit größtem Eifer es zu analysieren versuchte. Es begegnete ihm aber scheint's, was vielen bei pfychologischer Zergliederung begegnet ist, daß er im Eifer der Analyse am richtigen Punkt nicht Halt machte und Phänomene von sehr verschiedenem Charakter noch aufeinander zurückzuführen suchte.

Ein Irrtum hinsichtlich des Wesens der Evidenz ist für den Logiker begreiflicherweise folgenschwer. Man darf wohl sagen, daß wir hier an das tiefstliegende organische Leiden von Sigwarts Logik gerührt haben, wenn man dieses nicht in der Verkennung des Wesens des Urteils überhaupt erblicken will. Wieder und wieder zeigen sich üble Folgen, wie z. B. in dem Unvermögen Sigwarts, die wesentlichsten Anlässe unserer Irrtümer zu begreifen. Man vgl. Logik I. 2. Aufl. S. 103 Anm., wo er mit auffallender Einseitigkeit dem Mangel an Ausbildung unserer Sprache die Hauptschuld beimißt.

Übrigens haben manche andere hervorragende Logiker der neuesten Zeit vor Sigwart hier sicher nichts voraus. Wie es sich, um nur noch auf ein Beispiel zu verweisen, mit der Lehre von der Evidenz bei dem trefflichen J. St. Mill verhält, darüber vgl. man unten Anm. 68 S. 106.

Aus der großen Unklarheit über das Wesen der Evidenz, welche schier allgemein besteht, ist es auch erklärlich, wenn man sehr gewöhnlich von einem „mehr oder weniger evident" sprechen hört. Auch Descartes und Pascal gebrauchen solche Ausdrücke, die doch als völlig unpassend sich erweisen. Was evident ist, ist sicher; und die Sicherheit im eigentlichen Sinne kennt keine Unterschiede des Grades. In jüngster Zeit freilich hörten wir sogar (und allen Ernstes) in der Vierteljahrsschrift für wissenschaftliche Philosophie die Meinung äußern, daß es evidente Vermutungen gebe, die trotz ihrer Evidenz recht wohl falsch sein könnten. Es ist unnötig zu sagen, daß ich dies für widersinnig halte; wohl aber mag ich das Bedauern aussprechen, daß Vorlesungen von mir aus der Zeit, da ich noch Überzeugungsgrade für Urteilsintensitäten hielt, zu solchen Verirrungen den Anlaß gegeben zu haben scheinen.

28. (S. 20) Vgl. die schon erwähnte Abhandlung Humes, An Enquiry concerning the Principles of Moral. Hier haben andere Gefühlsmoralisten, wie Beneke und Überweg, der sich an ihn

anschließt (vgl. die Darstellung der Benekeschen Ethik in seinem Grundriß der Geschichte der Philosophie III), mehr als Hume gesehen. Und noch näher kommt der Sache Herbart, wenn er von evidenten Geschmacksurteilen spricht (nur daß diese eigentlich keine Urteile, sondern Gefühle sind, und darum auch nicht evident, sondern nur etwa dem Evidenten analog genannt werden sollten) und wenn er das Schöne dem bloß Angenehmen entgegensetzt und jenem im Unterschied von diesem Allgemeingültigkeit und unleugbaren Wert zuschreibt. Leider bleibt noch immer Falsches beigemischt, und Herbart verliert sofort für immer die richtige Fährte, so daß seine praktische Philosophie in ihrem Verlauf viel weiter als die Lehre Humes von der Wahrheit abkommt.

Diejenigen, welche den Unterschied zwischen dem als richtig charakterisierten und nicht als richtig charakterisierten Gefallen ganz und gar übersehen, können in entgegengesetztem Sinne fehlen. Die einen fassen die Sache so, als sei alles Gefallen, die andern so, als sei kein Gefallen als richtig charakterisiert. Nach den letzteren ist der Begriff des Guten als des mit Recht Gefallenden ganz aufgegeben; „begehrenswert" im Unterschied von „begehrbar" ist ein Wort ohne Sinn. Den ersteren bleibt „begehrenswert" wohl als ein besonderer Begriff bestehen, so daß es keine Tautologie ist, wenn sie sagen: nichts ist in sich begehrbar, außer insofern es in sich begehrenswert, in sich gut ist. Offenbar müssen sie, konsequent, dieses behaupten und haben es wirklich gelehrt. Die extremen Hedoniker gehören alle hierher, aber mit ihnen auch viele andere; im Mittelalter z. B. findet sich die Lehre selbst bei dem von Jhering wieder in seiner Größe gewürdigten Thomas von Aquino. (Vgl. z. B. Summ. theol., 1ᵃ qu. 80. qu. 82, art. 2 ad 1 u. ö.)

Aber auch so ist diese Meinung den Thatsachen gegenüber nicht festzuhalten ohne eine subjektivistische Fälschung der Begriffe des Guten und Schlechten, ähnlich der, welche einst Protagoras an den Begriffen der Wahrheit und Falschheit beging. Wie nach diesem Subjektivisten auf dem Gebiete des Urteils jeder das Maß von allem ist, so daß oft, was für den einen wahr, für den andern zugleich falsch sein müßte: so sind die Vertreter der Meinung, nur Gutes könne geliebt, nur Schlechtes gehaßt werden, eigentlich genötigt anzunehmen, daß auf diesem Gebiete jeder für alles maßgebend sei, für das Gute dafür, daß es in sich gut, für das Schlechte dafür, daß es in sich schlecht sei, so daß oft etwas zugleich in sich gut und schlecht sein würde; in sich gut für alle, die es um seiner selbst willen lieben, in sich schlecht für alle, die es um seiner selbst willen hassen. Dies ist absurd, und die subjektivistische Fälschung des Begriffs des Guten ebenso verwerflich, als die subjektivistische Fälschung des Begriffs der Wahrheit und der Existenz bei Protagoras verwerflich war, obwohl der subjektivistische Irrtum auf dem Gebiete des mit Recht Gefallenden und Mißfallenden viel leichter Platz greift und bis heute die meisten ethischen Systeme inficiert. Mancher spricht ihn, wie noch jüngst Sigwart (Vorfragen der Ethik S. 6), offen aus; mancher auch fällt hinein, ohne sich selbst seinen Subjektivismus zu klarem Bewußtsein zu bringen*.

---

* Vielleicht werden insbesondere solche, welche lehren, daß allgemein für jeden seine eigene Erkenntnis, Lust und Vollkommenheit überhaupt ein Gut, und ihre Gegensätze schlecht, alles übrige aber in sich selbst indifferent sei, dagegen protestieren, wenn ich sie den Subjektivisten beizähle. Es scheint ja auch, oberflächlich betrachtet, als stellten sie eine für alle gleichmäßig gültige Güterlehre auf. Allein bei einigermaßen achtsamer Erwägung findet man, daß diese Lehre auch nicht in einem einzigen Falle ein und dasselbe allgemeingültig für gut erklärt. Mein Wissen z. B. ist nach ihr für mich liebwert, für jeden andern indifferent in sich, wie umgekehrt das Wissen jedes andern, in sich selbst betrachtet, für mich indifferent ist. Seltsam berührt es, wenn man, wie es oft geschieht, theistische Denker eine solche subjektivistische Güterlehre für alles kreatürliche Lieben und Wollen aufstellen, für Gott aber die Annahme machen sieht, daß er ohne Unterschied der Personen jede Vollkommenheit nach einer Art objektivem Maßstabe schätze, was dann mittels des Gedankens an den ewigen Richter dazu dienen soll, den principiellen Egoismus in seinen praktischen Konsequenzen unschädlich zu machen.

Von dem berühmten Streite zwischen Bossuet und Fénélon kann man sagen, daß der große Bischof von Meaux einen Subjektivismus vertrat. Die Thesen Fénélons wurden schließlich, obwohl er gewiß weder eine unedle noch unchristliche Moral vertreten hatte, sogar von Rom aus verurteilt, doch ging man nicht soweit, seine Lehre als häretisch zu verwerfen. Und in der That, man hätte auch jene schönen, innigen Zeilen verdammen müssen, die

Wie gesagt ist, wer einmal die Meinung angenommen hat, nichts könne gefallen, außer insofern es wirklich in sich gut, nichts

---

manche der heiligen Theresa zuschreiben, und die in unvollkommener lateinischer Übersetzung in viele katholische Gebetbücher übergegangen sind, geschweige daß je eine kirchliche Censur sie bemängelt hätte. Ich gebe sie hier in direkter Übertragung aus dem Spanischen wieder:

„Nicht Hoffnung auf des Himmels sel'ge Freuden
Hat Dir, mein Gott, zum Dienste mich verbunden,
Nicht Furcht, die ich vor ew'gem Graus empfunden,
Hat mich bewegt der Sünder Pfad zu meiden.

Du Herr bewegst mich, mich bewegt Dein Leiden,
Dein Anblick in den letzten, bangen Stunden,
Der Geißeln Wut, Dein Haupt von Dorn umwunden,
Dein schweres Kreuz und — ach! — Dein bittres Scheiden.

Herr, Du bewegest mich mit solchem Triebe,
Daß ich Dich liebte, wär' kein Himmel offen,
Dich fürchtete, wenn auch kein Abgrund schreckte;

Nichts kannst Du geben, was mir Liebe weckte;
Denn würd' ich auch nicht, wie ich hoffe, hoffen,
Ich würde dennoch lieben, wie ich liebe."

Man hat die Lehre des Thomas von Aquin oft so dargestellt, als ob sie reiner Subjektivismus wäre. Es ist wahr, daß vieles bei ihm ganz subjektivistisch klingt. (Man vgl. z. B. Summ. theol. 1ᵃ q. 80, art. 1, insbesondere die Objektionen und Lösungen, sowie die Stellen, wo er bei jedem die eigene Glückseligkeit für das letzte und höchste Ziel erklärt und selbst von den Heiligen im Himmel behauptet, daß jeder, und mit Recht, mehr seine eigene als die Seligkeit aller andern verlange.) Aber daneben findet man Aussprüche, worin er über den Subjektivismus sich erhaben zeigt, wie z. B. wenn er (wie vor ihm Platon und Aristoteles, und nach ihm Descartes und Leibniz) erklärt, daß jedes Seiende als solches gut sei, und zwar nicht bloß gut als Mittel, sondern, was die reinen Subjektivisten (wie jüngst erst Sigwart, Vorfr. d. Eth. S. 6) ausdrücklich leugnen, gut in sich selbst. Und wieder, wenn er erklärt, daß falls einer — was freilich ein Fall der Unmöglichkeit sei — einmal zu wählen haben sollte zwischen seinem eigenen ewigen Verderben und einer Verletzung göttlicher Liebe, es das Richtige sein würde, die eigene ewige Unseligkeit vorzuziehen.

Es trifft hier das sittliche Gefühl des christlichen Abendländers mit dem des heidnischen Hindu zusammen, wie es sich in einer etwas seltsamen Erzählung von einem Mädchen kundgiebt, das für das Heil der übrigen mißfallen, außer insofern es wirklich schlecht sei, auf einem Weg, der konsequent zum Subjektivismus führen müßte.

Dies zeigt sich, sobald einer zugiebt (was freilich zunächst geleugnet werden könnte), daß ein entgegengesetzter Geschmack, hier Lust dort Widerwille, an das gleiche Empfindungsphänomen geknüpft sei. Es könnte sich einer hiergegen dadurch zu schützen suchen, daß er darauf hinwiese, wie trotz der Gleichheit des äußern Reizes die subjektiv korrespondierende Vorstellung einen wesentlich verschiedenen Inhalt haben kann. Aber diese Auffassung widerlegt sich in den Fällen, wo wir selbst wiederholt dieselbe Erscheinung erleben und, infolge der Fortentwicklung unseres Lebensalters oder infolge geänderter Gewohnheit (vgl. ob. Vortrag, 25 S. 18), im Gemüte anders dadurch bewegt werden, Widerwillen statt Lust oder umgekehrt Lust statt Widerwillen in uns erfahren. So bleibt kein Zweifel darüber, daß wirklich ein entgegengesetztes Verhalten des Gemüts auf dieselbe Erscheinung sich richten kann. Auch wo Vorstellungen uns instinktiv abstoßen, und doch zugleich ein höhergeartetes Gefallen in uns erregen (vgl. Anm. 32 S. 92), zeigt sich dasselbe unverhüllt. Endlich sollte man von dem, welcher glaubt, daß jeder Akt einfachen Gefallens richtig sei und nie einer dem andern widerspreche, erwarten, daß er auch hinsichtlich der Akte des Vorziehens Ähnliches lehren werde. Aber hier ist das Gegenteil so offenbar, daß die Vertreter der Ansicht immer, in eigentümlichem Kontraste, es aufs bestimmteste ausgesprochen haben, daß verschiedene entgegengesetzt, und der eine richtig, der andere unrichtig, bevorzugten.

Blicken wir von den mittelalterlichen Aristotelikern auf ihren Meister selbst zurück, so scheint seine Lehre eine andere. Aristoteles erkennt an, daß es ein richtiges und ein unrichtiges Begehren ($\mathit{\mathring{o}\varrho\varepsilon\xi\iota\varsigma}$ $\mathit{\mathring{o}\varrho\vartheta\grave{\eta}\ \varkappa\alpha\grave{\iota}\ o\mathring{v}\varkappa\ \mathit{\mathring{o}\varrho\vartheta\acute{\eta}}}$) gebe, und daß das Begehrte ($\mathit{\mathring{o}\varrho\varepsilon\varkappa\tau\acute{o}\nu}$) nicht

---

Welt seiner eigenen ewigen Seligkeit entsagt; und wieder mit dem eines positivistischen Denkers wie Mill, wenn er erklärt: lieber als vor einem nicht wahrhaft guten Wesen anbetend mich beugen „to hell I will go." Ich kannte einen katholischen Geistlichen, der Mill um dieses Ausspruchs willen bei der Wahl ins Parlament seine Stimme gab.

immer das Gute (ἀγαθόν) sei. (De Anim. III, 10.) Ebenso erklärt er bezüglich der Lust (ἡδονή) in der Nikomachischen Ethik, nicht jede sei gut; es gebe eine Lust am Schlechten, welche selbst schlecht sei (Eth. Nikom. X, 2). In der Metaphysik unterscheidet er eine niedere und höhere Art von Begehren (ἐπιθυμία und βούλησις); was die höhere um seiner selbst willen begehre, sei in Wahrheit gut (Metaph. Δ, 7 p. 1072 a 28). Eine gewisse Annäherung an die richtige Anschauung dürfte hier bereits erreicht sein. Interessant ist es insbesondere, daß (was ich erst nachträglich bemerkte) schon er den ethischen Subjektivismus mit dem logischen des Protagoras zusammenstellt und beide gleichmäßig verwirft. (Metaph. K, 6 p. 1062 b 16 und 1063 a 5.) Dagegen scheint es nach den nächstfolgenden Zeilen, als ob Aristoteles der allerdings begreiflichen Versuchung erlegen sei, zu glauben, wir erkännten das Gute als gut, unabhängig von der Erregung der Gemütsthätigkeit (ebend. 29; vgl. De Anim. III, 9 u. 10). Damit hängt es wohl auch zusammen, wenn er Eth. Nikom. I, 4 leugnet, daß es einen einheitlichen Begriff des Guten (und zwar, wohlverstanden, des in sich selbst Guten) gebe (vgl. darüber Anm. 26 S. 77), vielmehr meint, es bestehe für das Gute des vernünftigen Denkens, des Sehens, der Freude u. s. w. nur eine Einheit der Analogie; und wenn er an einem andern Orte (Metaph. E, 4 p. 1027 b 25) sagt, das Wahre und das Falsche seien nicht in den Dingen, wohl aber das Gute und das Schlechte; d. h. wohl, jene Prädikate (z. B. wahrer Gott, falscher Freund) würden den Dingen nur in Bezug auf gewisse psychische Akte, die wahren und falschen Urteile, beigelegt, diese dagegen kämen ihnen nicht ähnlich, bloß in Bezug auf eine gewisse Klasse psychischer Bethätigung zu: — was alles, so unrichtig es ist, doch als notwendige Folge mit jenem ersten Irrtume zusammenhängt. Besser stimmt es mit der wahren Lehre vom Ursprung unseres Begriffs und unserer Erkenntnis des Guten, wenn er Eth. Nikom. X, 2 gegen die Annahme, daß die Freude nicht zu dem Guten gehöre, als Argument gelten läßt, daß alles nach ihr begehre, und beifügt: „denn wenn nur die unvernünftigen Wesen danach begehrten, so enthielte die Verwerfung dieser Begründung wohl eine gewisse Berechtigung, wenn nun aber auch die vernünftigen es thun, wie sollte sich noch etwas dagegen sagen lassen?" Doch läßt sich auch dieser Ausspruch mit seiner falschen Ansicht vereinigen. Von dieser Seite betrachtet, erscheint der Gefühlsmoralist Hume ihm gegenüber im Vorteil, welcher mit Recht betont: wie soll man erkennen, daß etwas zu lieben ist, ohne die Erfahrung der Liebe?

Ich sagte, die Versuchung, der Aristoteles erlegen, erscheine begreiflich. Sie entspringt daraus, daß mit der Erfahrung der als richtig charakterisierten Gemütsthätigkeit auch die Erkenntnis der Güte des Objekts immer zugleich gegeben ist. Da kann es denn leicht geschehen, daß man das Verhältnis verkehrt und meint, man liebe hier infolge der Erkenntnis und erkenne die Liebe als richtig an der Übereinstimmung mit dieser ihrer Regel.

Es ist nicht ohne Interesse, den Fehler, den hier Aristoteles in betreff der als richtig charakterisierten Gemütsthätigkeit begeht, mit jenem zu vergleichen, dem wir bei Descartes hinsichtlich des als richtig charakterisierten Urteils begegnet sind (vgl. Anm. 27 S. 78). Der eine ist dem andern wesentlich analog; in beiden Fällen wird der auszeichnende Charakter, statt in dem als richtig charakterisierten Akte selbst, vielmehr in der Besonderheit der ihm zu Grunde liegenden Vorstellung gesucht. In der That scheint mir in der Abhandlung „Des Passions" aus vielen Stellen ersichtlich, daß Descartes selbst die Sache hier ganz ähnlich wie Aristoteles und wesentlich analog seiner Lehre vom evidenten Urteile gedacht habe.

Dem Irrtume Descartes' bezüglich des Charakteristischen der Evidenz kommen heutzutage viele nahe (wenn man nicht lieber sagen will, daß sie ihn implicite geradezu teilen), wenn sie die Sache sich so vorstellen, als halte man sich bei jedem evidenten Urteil an ein Kriterium. Dieses müßte dann irgendwie vorher gegeben sein; entweder als erkannt — das würde aber ins unendliche führen — oder (und das bleibt eigentlich allein übrig) als in der Vorstellung gegeben. Auch hier kann man sagen, daß die Versuchung zu solchem Mißgriff naheliege, und sie mag auch auf Descartes beirrend eingewirkt haben. In den Irrtum des Aristoteles fällt man weniger; aber wohl nur darum, weil man überhaupt das Phänomen der als richtig charakterisierten Gemütsthätigkeit weniger als das des als richtig charakterisierten Urteils in Betrachtung gezogen hat. Wenn man jenes in seinem Wesen verkannte, so hat man dieses oft nicht einmal genügend bemerkt, um es in seinem Wesen zu mißdeuten.

29. (S. 20) Wenn ich erklärte, daß die Sprache des gewöhnlichen Lebens keine passenden Bezeichnungen für die Besonderheit der als richtig charakterisierten Thätigkeiten des Gemütes biete, so wollte ich damit nicht in Abrede stellen, daß gewisse Ausdrücke an sich recht wohl geeignet, ja wie dafür geschaffen scheinen. So insbesondere die Ausdrücke „gut gefallen" und „schlecht gefallen" in ihrem Unterschiede von dem einfachen „gefallen" und „mißfallen". Aber wenn es sich auch empfehlen dürfte, sie als wissenschaftliche Termini in dieser Weise enger abzugrenzen, so dürfte doch in der gewöhnlichen Sprache kaum eine Spur von solcher Schranke zu finden sein. Man sagt allerdings vielleicht nicht gern: das Gute gefällt ihm schlecht, das Schlechte gefällt ihm gut. Aber man sagt doch: dem einen schmeckt dies, dem andern jenes gut u. s. w.; man wendet also das Wort „gut gefallen" ohne Bedenken auch da an, wo ein Gefallen in der niedrigst instinktiven Form gegeben ist. Freilich ist der Ausdruck Wahrnehmung schier in ebensolcher Weise herabgewürdigt worden. Eigentlich nur für Erkenntnisse passend, wurde er bei der sogenannten äußeren Wahrnehmung auch auf Fälle eines blinden und in wesentlichen Beziehungen irrigen Glaubens angewandt und bedürfte infolgedavon, um als terminus technicus wissenschaftlich verwertbar zu sein, einer wesentlichen und wesentlich seinen Umfang beschränkenden Reform der üblichen Terminologie.

30. (S. 21) Metaph. A, 1. p. 980 a 22.

31. (S. 21) Um ein Mißverständnis und die daran notwendig sich knüpfenden Bedenken auszuschließen, bemerke ich zu dem, was ich im Texte mit wenigen Strichen angedeutet, noch folgendes. Damit ein Akt der Gemütsthätigkeit in sich selbst rein gut zu nennen

sei, dazu gehört: 1. daß er richtig sei, 2. daß er ein Akt des Gefallens, nicht ein Akt des Mißfallens sei. Fehlt ihm das eine oder andere, so ist er bereits in gewisser Beziehung in sich selbst schlecht; die Schadenfreude ist schlecht aus dem ersten, der Schmerz beim Anblick der Ungerechtigkeit aus dem zweiten Grunde. Fehlt ihm beides, so ist er noch schlechter, entsprechend dem Princip der Summierung, von welchem später im Vortrage die Rede sein wird. Demselben Princip entsprechend wächst in dem Falle, wo die Gemütsthätigkeit gut ist, die Güte des Aktes mit seiner Steigerung, während in analoger Weise in den Fällen, in welchen der Akt rein schlecht ist oder wenigstens in irgendwelcher Beziehung an dem Schlechten teil hat, die Schlechtigkeit des Aktes mit seiner Intensität zunimmt. Im Falle der Mischung wachsen und schwinden, offenbar einander einfach proportional, Güte und Schlechtigkeit. Das auf der einen oder andern Seite sich findende Plus muß so beim Wachsen der Intensität des Aktes immer größer, bei ihrer Abnahme immer kleiner werden. Und so könnte der Überschuß des Guten in ihm, trotz dessen Unreinheit, unter Umständen als ein sehr großes Gut und umgekehrt der Überschuß des Schlechten, trotz der Beimischung des Guten, als etwas sehr Schlechtes bezeichnet werden (vgl. Anm. 36).

32. (S. 22) Es kann geschehen, daß ein und dasselbe uns zugleich gefällt und mißfällt. Einmal kann es vorkommen, daß uns etwas in sich mißfällt, aber uns gefällt als Mittel zu etwas anderem (oder umgekehrt); dann aber kann es sich treffen, daß etwas uns instinktiv abstößt, während es zugleich mit höherer Liebe von uns geliebt wird. So mögen wir einen instinktiven Widerwillen gegen eine Empfindungsvorstellung haben, welche uns doch zugleich (wie ja jede Vorstellung als solche gut ist), eine willkommene Bereicherung unseres Vorstellungslebens ist. Aristoteles schon sagt: „Es kommt vor, daß Begehrungen zueinander in Gegensatz treten. Dieses geschieht, wenn die Vernunft ($λόγος$) und das niedere Begehren ($ἐπιϑυμία$) entgegengesetzt sind." (De Anim. III, 10.) Und wiederum: „Es siegt aber bald das niedere Begehren ($ἐπιϑυμία$)

über das höhere ($βούλησις$), bald dieses über jenes; wie" (nach der antiken Astronomie) „eine Himmelssphäre die andere, reißt ein Begehren das andere mit sich fort, wenn der Mensch die feste Herrschaft über sich verloren hat." (Ebend. 11.)

33. (S. 22) Liebe und Haß können, wie auf einzelne Individuen, so auf ganze Klassen sich richten. Schon Aristoteles macht darauf aufmerksam. Wir zürnen, meint er, zwar nur dem einzelnen Diebe, der uns bestohlen, und dem einzelnen Sykophanten, der unsere Arglosigkeit getäuscht, hassen aber den Dieb und den Sykophanten im allgemeinen (Rhetor. II, 4). Auch Akte des Liebens und Hassens, denen in solcher Weise ein allgemeiner Begriff unterliegt, sind oft als richtig charakterisiert. Und natürlich muß dann mit der Erfahrung des betreffenden Aktes der Liebe oder des Hasses mit einem Schlage und ohne jede Induktion besonderer Fälle die Güte oder Schlechtigkeit der ganzen Klasse offenbar werden. So kommt man z. B. zur allgemeinen Erkenntnis, daß die Einsicht als solche gut ist. Man begreift, wie nahe die Versuchung liegt, bei solchen Erkenntnissen einer allgemeinen Wahrheit ohne die anderwärts bei Erfahrungssätzen erforderliche Induktion von Einzelfällen die vorbereitende Erfahrung der als richtig charaktererisierten Gemütsthätigkeit ganz zu übersehen und das allgemeine Urteil für eine unmittelbare synthetische Erkenntnis a priori zu erklären. Bei Herbart deutet seine sehr merkwürdige Lehre von einer plötzlichen Erhebung zu allgemeinen ethischen Principien, wie mir scheint, darauf hin, daß er etwas von diesem eigentümlichen Vorgange bemerkt hat, ohne sich doch darüber ganz klar zu werden.

34. (S. 22) Man erkennt leicht, wie wichtig dieser Satz für die Theodicee werden kann. Was die Ethik anlangt, möchte man fürchten, daß sie dadurch in ihrer Sicherheit stark gefährdet, ja vielleicht ganz und gar aufgehoben werde. Wie sich diese Besorgnis als eitel erweist, dafür vgl. unten Anm. 43 S. 99.

35. (S. 25) Es scheint mir sogar aus dem Begriffe des Vorziehens durch Analyse erkennbar, 1. daß jedes Gute ein Vorzug sei, d. h. daß es als berechtigtes Moment beim Vorziehen in die

Wage falle; 2. ebenso daß jedes Schlechte ein berechtigtes Gegenmoment bilde; und darum auch noch 3. daß man in Fällen wie die angegebenen, teils unmittelbar, teils durch eine Addition, bei welcher das Gute und Schlechte als Größen mit entgegengesetzten Vorzeichen in Rechnung kommen, das für das richtige Vorziehen gültige Übergewicht, d. h. die Vorzüglichkeit, das Bessersein des einen gegenüber dem andern, konstatieren könne. Hiernach bedarf es also, genau besehen, nicht der besonderen Erfahrung des als richtig charakterisierten Vorzugsaktes, sondern nur der Erfahrung der einfachen als richtig charakterisierten Akte des Gefallens und Mißfallens, um für die vorgeführten Fälle zur Erkenntnis des Besseren zu gelangen. Und darum sagte ich, nicht daraus, daß unsere Bevorzugung als richtig charakterisiert sei, schöpften wir hier die Erkenntnis der Vorzüglichkeit, sondern die betreffenden Bevorzugungen seien darum als richtig charakterisiert, weil die Erkenntnis der Vorzüglichkeit dabei maßgebend werde. Ich wollte aber damit nicht sagen, daß nicht derselbe auszeichnende Charakter, den wir zuvor bei gewissen Akten einfachen Gefallens hervorgehoben, auch hier wirklich vorhanden sei.

36. (S. 27) Um hier ganz genau zu verfahren und eigentlich erschöpfend zu sein, hätte ich im Vortrage noch zwei andere und recht wichtige Fälle erwähnen müssen. Der eine ist der Fall, wo es sich um eine Lust am Schlechten, der andere der, wo es sich um eine Unlust am Schlechten handelt. Wenn wir fragen: ist die Lust an Schlechtem gut?, so antwortet schon Aristoteles und in gewisser Weise unzweifelhaft richtig: nein! „Niemand", sagt er in der Nikomachischen Ethik (X, 2 p. 1174 a 1), „würde wünschen sich an Schändlichem zu freuen, auch wenn ihm sicher verbürgt würde, daß nie ein Leid darauf folgen sollte." Die Hedoniker, zu denen so edle Männer wie Fechner (vgl. seine Schrift über das höchste Gut) gehörten, sprechen sich dagegen aus. Ihre Lehre ist verwerflich, und ihre Praxis — schon Hume bemerkt es — zum Glücke viel besser als ihre Theorie. Dennoch liegt auch in ihrer Ansicht ein Körnchen Wahrheit.

Die Lust am Schlechten ist als Lust ein Gut, und nur zugleich als unrichtige Gemütsthätigkeit etwas Schlechtes, und darf, wenn auf Grund dieser Verkehrtheit als etwas überwiegend Schlechtes, doch nicht als etwas rein Schlechtes bezeichnet werden. Indem wir sie also als schlecht verabscheuen, üben wir eigentlich einen Akt der Bevorzugung, in welchem die Freiheit von dem einen Schlechten vor dem Besitze des andern Guten den Vorzug erhält. Und wenn wir dabei den Abscheu als richtig erkennen, wird dies nur dadurch möglich, daß diese Bevorzugung eine als richtig charakterisierte Bevorzugung ist.

Ähnlich verhält es sich, wenn wir fragen, ob die als richtig charakterisierte Unlust am Schlechten ein Gut sei, z. B. da wo es einem edeln Herzen schmerzlich ist, wenn es die Unschuld unterdrückt sieht, oder da wo einer, auf sein eigenes früheres Leben zurückblickend, beim Bewußtsein einer schlechten Handlung Reue fühlt. Hier zeigt sich die Lage in jeder Beziehung der vorigen entgegengesetzt. Ein solches Fühlen gefällt darum überwiegend, aber nicht rein; es ist kein reines Gut zu nennen, wie die edle Freude es wäre, wenn man das Gegenteil von dem vor sich sähe, worüber man trauert, weshalb denn auch die Ratschläge von Descartes (vgl. Anm. 24 S. 75), man solle doch lieber in äquivalenter Weise seine Aufmerksamkeit und Gemütsthätigkeit dem Guten zuwenden, ihre Berechtigung nicht eigentlich verlieren. Alles dies erkennen wir klar. Wir haben also auch hier wieder eine als richtig charakterisierte Bevorzugung als Quelle einer Erkenntnis von Vorzüglichkeit.

Im Vortrag erlaubte ich mir — um nicht zu viel Komplikation hineinzubringen — bei der Besprechung der Bevorzugungen von diesen Fällen zu schweigen. Und ich konnte mir dies um so eher gestatten, als es praktisch zu demselben Resultate führen würde, wenn man (wie es Aristoteles in betreff der schändlichen Freude gethan) den als richtig charakterisierten Haß der einen und die als richtig charakterisierte Liebe der andern Klasse als Phänomene einfacher Abneigung und Zuneigung betrachten wollte.

Man sieht leicht, daß sich aus diesen besondern Fällen von möglicher Bestimmung eines Größenverhältnisses zwischen Güte und Schlechtigkeit von Lust und Unlust auf der einen und von Richtigkeit und Unrichtigkeit auf der andern Seite (vgl. für sie auch Anm. 31 S. 91) keine Hoffnung schöpfen läßt, die im Vortrage bezeichneten, weitklaffenden Lücken in allgemeiner Weise auszufüllen.

37. (S. 27) Vgl. meine Psychologie vom empirischen Standpunkt Buch II, Kap. 4.

38. (S. 28) E. Dumont, Traités de législation civile et pénale extraits des manuscrits de J. Bentham; insbes. im Abschnitt, der den Titel führt Principes de législation, chap. 3 sect. 1 gegen Ende, chap. 6 sect. 2 gegen Ende und chap. 8 und 9.

39. (S. 28) S. Rudolph Wagner, Der Kampf um die Seele vom Standpunkt der Wissenschaft. Sendschreiben an Herrn Leibarzt Dr. Beneke in Oldenburg. Göttingen 1857. S. 94 Anm.: „Gauß äußerte, der Verfasser" (eines gewissen psychologischen Werkes) „spräche von Mangel an genauen Messungen psychischer Phänomene; aber es wäre schon gut, wenn man nur grobe habe; damit könne man schon etwas anfangen, man habe aber keine. Es fehle hier die Conditio sine qua non aller mathematischen Behandlung, nämlich wenn und insoferne die Verwandlung einer intensiven Größe in eine intensive" (lies extensive) „möglich sei. Das sei doch die erste unerläßliche Bedingung; dann käme es noch auf andere an. Gauß sprach bei dieser Gelegenheit auch über die gewöhnliche inkorrekte Definition von Größe als einem Ens, das sich mehren oder mindern lasse; man müsse sagen ein Ens, das sich in gleiche Teile teilen lasse...."

40. (S. 28) Das psychophysische Gesetz Fechners, selbst wenn es gesichert wäre, während es mehr und mehr Zweifel und Widerspruch hervorruft, würde nur für die Messung der Intensität des Inhalts gewisser anschaulicher Vorstellungen, nicht aber für die Messung der Stärke von Gemütserregungen, wie Freude und Leid, als Anhalt benützt werden können. Man hat Versuche gemacht, nach begleitenden unwillkürlichen Bewegungen und andern äußerlich zu Tage tretenden Veränderungen das Maß von Gemütsbewegungen zu bestimmen. Sie kommen mir vor, wie wenn einer aus dem Wetter das genaue Datum des Monatstages berechnen wollte. Das direkte innere Bewußtsein, so unvollkommen seine Angaben sind, bietet hier

noch immer mehr. Man schöpft dann wenigstens an der Quelle selbst, während man es dort mit einem durch mannigfache Einflüsse getrübten Wasser zu thun hat.

41. (S. 29) Sigwart, Vorfragen der Ethik (S. 42), betont, man müsse vom menschlichen Willen nicht mehr verlangen, als was er zu leisten imstande sei. Die Äußerung, die aus dem Munde eines so entschiedenen Indeterministen (vgl. Logik II, S. 592) besonders wunder nehmen mag, hängt mit seiner subjektivistischen Auffassung des Guten zusammen, von welcher aus ein logisch normaler Weg zum Frieden aller, die guten Willens sind, meines Erachtens sich nicht bietet. (Man vgl. z. B. die Weise, wie Sigwart selbst S. 15 vom Egoismus zur Rücksicht auf das Allgemeine hinübergleitet.)

Aber auch von andern hört man solche Worte. Und hiernach könnte man wirklich Bedenken tragen, ob das erhabene Gebot, alle seine Handlungen zum höchsten praktischen Gute zu ordnen, das richtige ethische Princip sein möge. Denn sehen wir ab von den Fällen mangelnder Überlegung, die selbstverständlich nicht in Betracht kommen, so schiene die Forderung solch voller Selbsthingabe noch immer allzustrenge, giebt es doch keinen, der, wenn er sich aufrichtig ins Herz blickt — und sollte er sich auch noch so sorgsam ethisch führen —, nicht häufig mit Horaz von sich sagen müßte:

„Nunc in Aristippi furtim praecepta relabor,
Et mihi res, non me rebus subjungere conor."

Dennoch ist das Bedenken unbegründet, und ein Vergleich mag dazu dienen, dies anschaulich zu machen. Es ist gewiß, daß kein Mensch imstande ist, jeden Irrtum zu vermeiden; aber, ob vermeidlich ob unvermeidlich, jeder Irrtum bleibt ein Urteil, wie es nicht sein soll, und den indispensabeln Forderungen der Logik entgegen. So wenig nun hier die Logik durch die Denkschwäche, so wenig wird dort die Ethik durch die Willensschwäche des Menschen sich abhalten lassen dürfen, von ihm zu fordern, daß er das erkannte Gute liebe und das erkannte Bessere vorziehe, und also das höchste praktische Gut hinter nichts anderem zurücksetze. Würde es sogar (was nicht richtig ist) für eine bestimmte Klasse von Fällen nachgewiesen sein, daß in ihnen alle Menschen ausnahmslos es nicht über sich gewännen, dem höchsten praktischen Gute treu zu bleiben, so gäbe dies noch immer nicht die geringste Berechtigung, die ethische Grundforderung fallen zu lassen. Es bliebe auch dann noch evident und unabänderlich wahr und die einzig und allein richtige Regel, hier wie überall dem Besseren gegenüber dem minder Guten den Vorzug zu geben.

J. St. Mill fürchtet, dies werde zu endlosen Selbstanklagen führen, und die steten Vorwürfe würden jedem das Leben verbittern. Dies ist aber sowenig in der Regel eingeschlossen, daß es vielmehr, leicht nachweisbar, durch sie ausgeschlossen ist. Goethe hat es recht wohl erkannt.

„Nichts taugt Ungeduld"
— nämlich Ungeduld gegenüber der eigenen Unvollkommenheit, sagt er in einem seiner keineswegs laxen Sprüche, —

„Noch weniger Reue;"
— das Versenken in die Gewissenspein, wo der frische, freudige Vorsatz allein dienen würde —

„Jene vermehrt die Schuld,
„Diese schafft neue."

In demselben Sinne fand ich einmal von der Hand des frommen Abtes Haneberg, späteren Bischofs von Speier, in einem Album die Worte eingetragen:

„Sonne dich mit Lust an Gottes Huld,
„Hab' mit allen, — auch mit dir Geduld!"

42. (S. 29) Man muß sich wohl davor hüten, aus dem Principe der Liebe des Nächsten wie sich selbst die Folgerung zu ziehen, daß jeder für jeden andern eben so sorgen müsse wie für sich selbst; was, weit entfernt das allgemeine Beste zu fördern, es vielmehr wesentlich benachteiligen würde. Es ergiebt sich dies aus der Erwägung des Umstandes, daß man zu sich selbst eine andere Stellung hat als zu allen andern, und unter diesen wieder dem einen mehr, dem andern weniger zu helfen und zu schaden in der Lage ist. Wenn Menschen auf dem Mars leben sollten, so kann und soll der erdbewohnende Mensch ebenso ihnen Gutes wünschen, nicht aber ebenso

für sie Gutes wollen und erstreben, als für sich und etliche seiner Mitgenossen auf Erden.

Hiemit in Zusammenhang stehen die Mahnungen, denen man in jeder Moral begegnet, sich zunächst um sich selbst zu kümmern: „γνῶθι σαυτόν", „kehre vor der eigenen Thüre!" u. s. w. Die Forderung, zunächst für Weib, Kind, Vaterland zu sorgen, tritt auch überall auf. Und auch das „sorge nicht für morgen" in dem Sinne, in welchem es wirklich einen weisen Ratschlag enthält, fließt daraus als Konsequenz. Daß mein morgiges Glück mir nicht so lieb sein solle wie mein gegenwärtiges, ist darin nicht eingeschlossen.

Auf diese Weise geprüft, erweisen sich auch die kommunistischen Thesen als unberechtigt, die man aus dem schönen Grundsatze der allgemeinen Bruderliebe mit unlogischer Überstürzung ableiten wollte.

43. (S. 30) Störender dürfte der Umstand genannt werden, daß wir die entfernteren Folgen unserer Handlungen oft nicht zu ermessen im stande sind.

Allein auch dieser Gedanke wird, wenn wir das allgemeine Beste lieben, unsern Mut nicht lähmen. Von allen Folgen, die schlechterdings gleichmäßig unerkennbar sind, kann man sagen, daß die eine soviel Chancen für sich habe als die andere. Nach dem Gesetze der großen Zahlen wird also im ganzen ein Ausgleich stattfinden, wobei dann, was wir berechenbar Gutes schaffen, als Plus auf der einen Seite bleibt und so, als wäre es allein, unsere Wahl rechtfertigt.

Unter demselben Gesichtspunkte erledigt sich, wie ich schon im Vortrage selbst (S. 22) andeutete, das Bedenken, welches sich ähnlich an die Ungewißheit, ob wir von allem, was gut ist, auch als gut angemutet werden und es so als gut zu erkennen und gebührend zu berücksichtigen vermögen, knüpfen könnte.

44. (S. 30) Daß es sich bei den Rechtsgrenzen wesentlich um Verfügungssphären für den einzelnen Willen handle, wurde, wie von Philosophen (man vgl. dafür z. B. Herbarts Idee des Rechts), so auch von bedeutenden Juristen häufig hervorgehoben. Jhering in seinem Geist des römischen Rechts III, 1 (S. 320 Anm.) belegt

dies mit mannigfachen Citaten. Für Arndts z. B. in seinem Lehrbuch der Pandekten ist Recht „Herrschaft des Willens in Ansehung eines Gegenstandes"; für Sintenis ist es „der zum Gesamtwillen erhobene Wille einer Person". Windscheid definiert es als „einen gewissen Willensinhalt, von dem die Rechtsordnung in einem konkreten Fall ausspricht, daß er allem andern Willen gegenüber zur Geltung gebracht werden dürfe". Puchta, der den Gedanken vielleicht am mannigfachsten zum Ausdruck bringt, sagt in seinen Pandekten § 22: „als Subjekte eines solchen in der Potenz gedachten Willens heißen die Menschen Personen... Persönlichkeit ist also die subjektive Möglichkeit eines rechtlichen Willens, einer rechtlichen Macht". Ebend. (§ 118 Note b) bemerkt er in betreff des Mangels der Persönlichkeit: „das Princip des neueren (Rechts) ist Unfähigkeit über das Vermögen zu disponieren"; und Ähnliches enthalten viele andere seiner Äußerungen.

Da nun aber diese juristischen Autoritäten ihre Aufmerksamkeit ausschließlich auf die Rechtspflichten konzentrieren und auf die ethische Frage, wie der einzelne Wille in seiner Rechtspäre zu walten habe, nicht eingehen, so hat Jhering ihre Meinung dahin gedeutet, daß sie die Übung des Wollens in sich selbst, die Freude der einzelnen Personen an ihrer Willensbethätigung als das wahre, höchste Gut und als den eigentlichsten und letzten Zweck betrachteten, auf den die Gesetzgebung abziele; „Endzweck alles Rechts ist für sie das Wollen" (ebend. S. 320, 325); „der Zweck des Rechts besteht ja einmal (nach ihnen) in der Willensmacht, der Herrschaft" (S. 326), und man begreift wohl, daß er die so aufgefaßte Theorie verdammt (S. 327), ja daß es ihm gelingt, sie lächerlich zu machen. „Dieser Auffassung zufolge", sagt er S. 320, „ist demnach das ganze Privatrecht nichts als eine Arena für den Willen, sich darauf zu bewegen und zu üben, der Wille ist das Organ, durch welches der Mensch das Recht genießt, der Rechtsgenuß besteht darin, daß er die Freude und Herrlichkeit der Macht empfindet, die Genugthuung hat, einen Willensakt vollzogen, z. B. eine Hypothek bestellt, eine Klage cediert und damit sich als Rechtspersönlichkeit dokumentiert zu haben. Welch ein arm=

seliges Ding wäre es aber um den Willen, wenn die nüchternen und niedern Regionen des Rechts das eigentliche »Gebiet seiner Thätigkeit bezeichneten!"

Gewiß, die schwersten Vorwürfe der Absurdität und Lächerlichkeit wären wohlverdient, wenn jene Gelehrten, welche den nächsten Zweck der Rechtsbestimmungen in eine Abgrenzung von Verfügungssphären des Willens setzen, die Rücksicht auf den letzten sittlichen Zweck, nämlich die Förderung des höchsten praktischen Gutes, damit hätten leugnen wollen. Es liegt aber gar nichts vor, was diese Insinuation rechtfertigte, und so dürfte denn hier mit besserem Grund ein Lächeln dem Eifer des Angriffs gelten, der wahrlich nur gegen Windmühlen seine Streiche führt. Auch wäre, was Jhering an die Stelle setzen will, gewiß ein schlechter Ersatz. Indem er nämlich (was er als Verfasser des Zweckes im Recht vielleicht heute nicht mehr in gleicher Weise glaubt) die von der Rechtsordnung der einzelnen Person zugewiesene Sphäre als einfach ihrem Egoismus überlassene Sphäre betrachtet, kommt er zu der Definition: „Recht ist rechtliche Sicherheit des Genusses" (S. 338), wo er viel besser sagen würde: Recht ist rechtliche Sicherheit des ungestörten freien Waltens der einzelnen Kraft zur Förderung des höchsten Gutes. — Ist denn die Ungerechtigkeit etwas, was die Unsittlichkeit erschöpft? Nein; die Rechtspflichten haben Grenzen; der Pflicht überhaupt untersteht dagegen all unser Thun, wie dies ja auch unsere Volksreligion nachdrücklich hervorhebt, z. B. wenn sie sagt, daß der Mensch von jedem unnützen Wort einst Rechenschaft geben müsse.

Außer jenem ersten Einwand, der auf bloßem Mißverstand der Absicht beruht, hat Jhering auch noch einige andere erhoben, die wesentlich durch Unvollkommenheiten des Sprachgebrauchs veranlaßt sind. Wenn die Rechtsordnung wesentlich darin besteht, daß den einzelnen Willen gewisse Grenzen der Bethätigung angewiesen werden, damit nicht jeder jeden in seinem Wirken zum Guten störe, so kann demjenigen, der keinen Willen hat oder hatte oder haben wird, auch keine Rechtssphäre zugehören. Ich sage „hat oder hatte oder haben wird", denn auf Vergangenheit und Zukunft muß offenbar Rücksicht genommen werden. Ein Verstorbener wirkt ja oft bis in die fernste Zukunft, und Comte durfte sagen: „die Lebenden werden mehr und mehr von den Toten beherrscht". Und ebenso wird es die Sachlage mit sich bringen, daß man bei manchen Fragen die Entscheidung naturgemäß der Zukunft überläßt, also sich der Herrschaft zu Gunsten eines künftig herrschenden Willens begiebt. Diese Erwägung indes löst zwar manches Paradoxon, das Jhering (S. 320—325) urgiert; aber nicht alle. Bei einem von Geburt aus unheilbar Blödsinnigen kann man offenbar gar kein Willensvermögen, dem die Rücksicht aufs höchste praktische Gut eine Sphäre überlassen möchte, namhaft machen; es giebt also nach unserer Anschauung für ihn, eigentlich genommen, keinerlei Rechtssphäre: und doch hört man allgemein von einem Recht, das er auf sein Leben habe, sprechen; ja wir bezeichnen ihn unter Umständen als Eigentümer eines großen Vermögens, oder sprechen ihm wohl gar das Recht auf eine Krone und königliche Herrschaft zu. Prüft man die Verhältnisse genau, so findet man, daß es sich hier zwar nirgends um eine wahre Rechtssphäre des der Verantwortlichkeit unfähigen Subjektes, wohl aber um Rechtssphären anderer handelt, wie z. B. um die eines Vaters, der für ein blödes Kind fürsorgend letztwillig über sein Vermögen bestimmte und durch staatliche Gesetze in seiner Willensherrschaft über seinen Tod hinaus geschützt wird, oder aber (wie z. B. in dem Falle, wo das Leben des Blödsinnigen nicht angetastet werden darf), abgesehen von der Verletzung einfacher Liebespflicht, die dies involvieren würde, um die Rechtssphäre des Staates selbst, der keinem andern den tödlichen Eingriff in ein Leben gestattet; unterwirft er doch manchmal auch den Versuch zum Selbstmord einer Strafe.

Ein dritter Einwand Jherings, nämlich daß bei einer Abgrenzung der Rechte nach Willenssphären auch die unsinnigsten Willensverfügungen rechtliche Geltung haben müßten (S. 325), bietet nach dem Gesagten kaum mehr eine Schwierigkeit. Gewiß wird manche thörichte Willensverfügung zu gestatten sein. Würde sie der Staat nicht zu dulden haben, so besäße nur er allein noch ein endgültiges Verfügungsrecht, alle Privatrechte wären dahin. Solange nicht bloß Unterthanen, sondern auch Regierungen der Thorheit zugänglich sind, erscheint eine solche Allverstaatlichung gewiß nicht angezeigt. Daß aber, wie überhaupt die sekundären ethischen Bestimmungen Ausnahmen erleiden, und insbesondere vielfältig Expropriationen der Privateigentümer nötig werden, auch unsinnige Verfügungen oder Verfügungen, die evidentermaßen allen Sinn und Bezug zum höchsten praktischen Gut verloren haben, manchmal staatlich umgestoßen werden können, ist klar und ohne jeden Widerspruch zuzugeben. Die Rücksicht aufs höchste praktische Gut entscheidet hier wie bei jeder andern sogenannten Kollision der Pflichten.

45. (S. 30) Daß ein an und für sich naturwidriges, schlechtes Gesetz, so sehr es vom ethischen Standpunkt zu mißbilligen, und so bringend seine Abänderung zu fordern ist, dennoch in vielen Fällen durch die Vernunft eine interimistische Sanktion empfängt, ist längst erkannt und, wie z. B. von Bentham in den Traités de Législation civ. et pén., klargelegt worden. Im Altertum ist Sokrates, der sich der Speisung im Prytaneum für würdig hielt, für diese Überzeugung gestorben. Die positive Gesetzgebung schafft trotz aller Mängel einen Zustand, der besser als Anarchie ist, und da jeder Ungehorsam gegen das Gesetz seine Kraft im allgemeinen zu beeinträchtigen droht, so mag unter diesen durch das Gesetz selbst erzeugten Verhältnissen vorläufig für den einzelnen auch vom Standpunkt der Vernunft das als die richtige Handlungsweise sich ergeben, was, davon abgesehen, keineswegs zu billigen wäre. Das alles folgt widerspruchslos aus der Relativität der sekundären ethischen Regeln, von welchen später gehandelt wird.

Ich füge bei, daß Irrungen in den Gesetzen der positiven Sittlichkeit (zu denen der Vortrag alsbald übergeht) unter Umständen eine ähnliche Berücksichtigung erheischen.

Man darf aber auf der andern Seite nicht übersehen, daß es hier Grenzen giebt und daß der Satz: „man soll Gott mehr gehorchen als den Menschen" nicht in seiner freien, erhabenen Größe beeinträchtigt werden darf.

46. (S. 30) Heraklit von Ephesus (500 v. Chr.), der älteste unter den griechischen Philosophen, von dem wir reichere Fragmente besitzen.

47. (S. 32) Jhering, Der Zweck im Recht II S. 119 u. ö.

48. (S. 32) Politeia I, cap. 5.

49. (S. 32) Eth. Nikom. V, 14 p. 1137 b 13. Polit. III und IV.

50. (S. 32) Vgl. den Discours préliminaire zu den Traités de Législation, sowie ebendaselbst den Abschnitt De l'influence des temps et des lieux en matière de législation.

51. (S. 32) Philosophischer Versuch über die Wahrscheinlichkeiten von Laplace, nach der sechsten Auflage des Originals übersetzt von N. Schwaiger, Leipzig 1886, S. 93 f. (Anwendung der Wahrscheinlichkeitsrechnung auf die moralischen Wissenschaften).

52. (S. 33) Vgl. Allgemeine Juristenzeitung VII S. 171; Zweck im Recht II S. 118. 122 f.

53. (S. 34) Grundlegung zur Physik der Sitten. Vgl. oben Anm. 14 S. 49.

54. (S. 35) Man vgl. z. B. den Dialog Menon.

55. (S. 35) Friedr. Alb. Lange, Logische Studien, ein Beitrag zur Neubegründung der formalen Logik und der Erkenntnislehre. Iserlohn 1877.

56. (S. 35) Alex. Bain, Logic, part first. Deduction. London 1870. p. 159 f.

57. (S. 36) Z. B. Bentham und wohl schon im Altertum Epikur.

58. (S. 36) Z. B. Platon und Aristoteles und diesem folgend Thomas v. Aquin.

59. (S. 36) Z. B. die Stoiker und im Mittelalter die Scotisten.

60. (S. 36) Dies hat auch Epikur (so wenig es mit seiner oben S. 54 besprochenen Äußerung im Einklange steht) nicht geleugnet.

61. (S. 36) Eth. Nikom. I, 1.

62. (S. 36) Metaph. Λ 10.

63. (S. 36) Ebendaselbst.

64. (S. 37) Sie machten die Beziehung zu dem größeren Ganzen als Argument dafür geltend, daß das praktische Leben (des Politikers) höher stehe als das theoretische.

65. (S. 37) Ebenso kehrt dieses Zeugnis für das Princip der Summierung wieder, so oft bei einer in ihrer Wurzel egoistisch-eudämonistischen Anschauung (wie z. B. bei Locke und bei Fechner in seiner Schrift vom höchsten Gute; vgl. auch für Leibniz Trendelenburg, Histor. Beitr. II S. 245) Gott zum Aufbau der Ethik zu Hülfe genommen wird. Dieser, argumentiert man, liebt jedes seiner Geschöpfe, und darum ihre Gesamtheit mehr als jedes einzelne, und billigt und belohnt darum die Aufopferung des einzelnen für die Gesamtheit, während er die selbstsüchtige Schädigung mißbilligt und straft.

Auch in dem Verlangen nach Unsterblichkeit zeigen sich oft Wirkungen des Princips der Summierung. So sagt Helmholtz (Über die Entstehung des Planetensystems, Vortrag, gehalten in Heidelberg und Köln 1871), wo er diesem Verlangen frohe Aussichten öffnen will: „Es kann der einzelne (wenn, was wir erringen, das Leben unserer Nachkommen veredeln wird) . . . den Gedanken, daß der Faden seines eigenen Bewußtseins einst abreißen werde, ohne Furcht ertragen. Aber mit dem Gedanken an eine endliche Vernichtung des Geschlechts der Lebenden und damit aller Früchte des Strebens aller vergangenen Generationen konnten auch Männer von so freier und großer Gesinnung wie Lessing und David Strauß sich nicht versöhnen." Wenn sich nun naturwissenschaftlich ergiebt, daß die Erde einmal unfähig wird, lebende Wesen zu tragen, so kehrt, meint er, das Bedürfnis nach Unsterblichkeit unabweisbar wieder, und man fühlt sich gedrängt Umschau zu halten, wo sich für ihre Annahme etwa eine Möglichkeit erschließe.

66. (S. 37) Metaph. Λ, 10.

67. (S. 37) Dies ist die stehende Lehre der großen Theologen wie z. B. des Thomas von Aquin in seiner Summa Theologica. Nur gewisse Nominalisten, z. B. Robert Holcot, lehrten eine volle Willkür der göttlichen Gebote. Vgl. meinen Aufsatz über die „Geschichte der kirchlichen Wissenschaften im Mittelalter" in der Kirchengeschichte von Möhler (herausgegeben von Gams 1867) II. 526 ff., wobei ich aber die Berichtigung der Druckfehler, welche das dem Werke am Schlusse beigegebene „Register" S. 103 f. enthält, nicht zu übersehen bitte.

68. (S. 40) In Zeiten, wo die Psychologie noch weniger vorgeschritten war und die Forschungen auf dem Gebiete der Wahrscheinlichkeitsrechnung den Proceß der vernünftigen Induktion noch nicht genügend aufgeklärt hatten, konnte es selbst einem Hume begegnen, daß er in diese grobe Verwechslung fiel. Vgl. sein Enqu. on human understanding chapt. 5 und 6. Auffallender ist es, daß noch James Mill und Herbert Spencer hier nicht im geringsten über Hume hinausgekommen sind (vgl. Anal. of the phen. of the human mind II, cap. 9 und Anm. 108), ja daß selbst der feine J. St. Mill, obwohl ihm der Essai philos. sur les probabilités von Laplace vorlag, dadurch nicht zu einem klaren Verständnisse des wesentlichen Unterschiedes zwischen dem einen und andern Verfahren geführt wurde. Es hängt dies mit seiner Verkennung des rein analytischen Charakters der Mathematik und der Bedeutung des deduktiven Verfahrens überhaupt zusammen; hat er doch, daß der Syllogismus zu neuen Erkenntnissen führe, geradezu geleugnet. Wer alle Mathematik auf Induktion basiert, kann unmöglich das Induktionsverfahren mathematisch rechtfertigen. Es wäre für ihn ein circulus vitiosus. Daß hier Jevons' Logik richtigere Wege wandelt, steht außer Frage.

Manchmal ist es, als ob auch in Mill eine Ahnung von dem mächtigen Unterschiede aufdämmere, wie wenn er in einer Anmerkung zur Analysis of the phenom. of the human mind (Vol. II. p. 407) die Theorie seines Vaters kritisierend sagt: „Wenn das Glauben nur eine unlösbare Association ist, so ist das Glauben eine Sache der Gewohnheit und des Zufalls, und nicht der Vernunft. Sicherlich ist eine auch noch so feste Association zwischen zwei Ideen kein genügender Grund [von ihm selbst unterstrichen] des Glaubens, keine Einsicht [evidence] daß die entsprechenden Thatsachen in der äußeren Natur vereinigt sind. Die Theorie scheint jeden Unterschied zwischen dem Glauben des Weisen, der durch Evidenz geleitet wird und mit den wirklichen Successionen und Coexistenzen der Thatsachen der Welt zusammenstimmt, und dem Glauben von Narren aufzuheben, der durch irgendwelche zufällige Association, welche dem Geiste die Idee einer Succession oder Coexistenz suggeriert, mechanisch produciert wird; ein Glauben, den treffend der gemeinübliche Ausdruck kennzeichnet: etwas glauben, weil man es sich in den Kopf gesetzt hat." — Das alles ist vortrefflich. Aber es wird seines wesentlichsten Wertes wieder beraubt, wenn wir J. St. Mill in einer späteren Anmerkung (S. 438) sagen hören: "Es muß ihm (dem Verfasser der Analysis) zugestanden werden, daß eine Association, welche stark genug ist, alle Ideen auszuschließen, die ihrerseits sie selbst ausgeschlossen haben würden, eine Art von mechanischem Glauben erzeugt, und daß die Processe, durch welche dieser Glaube berichtigt oder in vernünftige Schranken gewiesen wird, alle in dem Erwachsen einer Gegenassociation bestehen, welche die Tendenz hat, die Idee einer Enttäuschung der ersten Erwartung entstehen zu lassen, und daß, je nachdem die eine oder andere in dem besonderen Falle überwiegt, der Glauben besteht oder nicht besteht, genau so als wenn der Glaube und die Association ein und dasselbe Ding wären u. s. w."

Hier ist vieles, was Bedenken erregt. Wenn von Ideen, die sich gegenseitig ausschließen, die Rede ist, so könnte man fragen, was das für Ideen seien. Nach einer anderen Äußerung Mills (a. a. O. I, p. 98 f. Anm. 30) kennt er „keinen Fall von absoluter Inkompatibilität von Gedanken außer den zwischen den Gedanken der Gegenwart und der Abwesenheit ein und desselben". Aber sind auch nur diese inkompatibel? Mill selbst lehrt uns anderwärts das extreme Gegenteil, indem er meint, es sei zugleich mit der Vorstellung des Seins immer auch die Vorstellung des Nichtseins gegeben (ebend. p. 126 Anm. 39. „Wir sind uns", sagt er, „der Gegenwart eines Dinges nur im Vergleich mit seiner Abwesenheit bewußt"). Doch alles dies beiseite: wie seltsam, daß es Mill hier entgeht, daß er den ganzen auszeichnenden Charakter der Evidenz wieder verloren gehen läßt und nichts als die von ihm mit gebührender Geringschätzung behandelte blindmechanische Urteilsbildung übrigbehält!! Der Skeptiker Hume steht hier viel höher, indem er wenigstens das einsieht, daß bei solcher empiristischer Auffassung des Induktionsprocesses dem vernünftigen Bedürfnisse nicht genügt wird. Sigwarts Kritik der Millschen Induktionslehre (Logik II S. 371) enthält hier sehr viel Wahres, nur hat er, indem er zu seinen Postulaten greift, gewiß nicht das bei Mill Ungenügende durch etwas wahrhaft Befriedigendes ersetzt.

69. (S. 40) Vgl. Hume, Enqu. on human understanding V, 2 gegen Ende.

70. (S. 41) Eth. Nik. III, 10. Vgl. die feinen Erörterungen des folgenden Kapitels über die fünf Weisen falscher Tapferkeit.

71. (S. 41) Eth. Nik. I, 2.

Beilage zu S. 16 und S. 60.

Miklosich über subjektlose Sätze.

Von

Franz Brentano.

―――

Abgedruckt aus der Wiener Zeitung vom 13. und 14. November 1883.

―――

I.

„Subjektlose Sätze" — so nennt der berühmte Sprachforscher eine kleine Schrift, die er bei ihrem ersten Erscheinen „Die Verba impersonalia im Slavischen" überschrieben hatte.

Die Änderung des Namens mochte mit bedeutenden Zusätzen der zweiten Auflage in Zusammenhang stehen. Doch wäre die neue Bezeichnung wohl auch ursprünglich die treffendere gewesen. Denn weit entfernt, die Eigenheit bloß e i n e s Sprachstammes ins Auge zu fassen, hatte der Verfasser einen Satz von weitgreifendster Bedeutung aufgestellt, der, wenn er der herrschenden Ansicht widersprach, nur um so mehr die allgemeine Aufmerksamkeit verdient hätte. Nicht allein die Philologie, auch die Psychologie und Metaphysik waren bei der Frage interessiert. Und wie dem Forscher auf den erhabensten Gebieten, so versprach die neue Lehre auch jedem Knaben auf der Schulbank Vorteil zu bringen, der jetzt von seinem Schulmeister mit unmöglichen und unbegreiflichen Theorien gequält wird. (Vgl. S. 23 f.)

Solchen Einfluß hat die Abhandlung nicht geübt. Die Herrschaft früherer Meinungen besteht auch heute noch ungebrochen. Und wenn das Erscheinen der Monographie in neuer Auflage für eine gewisse Teilnahme in weiteren Kreisen Zeugnis giebt, so war dieselbe offenbar nicht dem Umstande zu danken, daß man dadurch Aufklärung über alten Zweifel und Irrtum empfangen zu haben glaubte. Darwins epochemachendes Werk hatte, ganz abgesehen von der Richtigkeit der Hypothese, einen selbst für Gegner unbestreitbaren

Wert; den Reichtum wichtiger Beobachtungen und sinnreicher Kombinationen mußte jeder mit Bewunderung anerkennen. So mochte auch bei Miklosich, der auf wenigen Blättern eine Fülle von Gelehrsamkeit zusammengedrängt und die feinsten Wahrnehmungen eingestreut hat, auch der, welcher seiner vornehmsten These die Zustimmung versagte, immer noch im einzelnen für gar vieles sich verpflichtet fühlen.

Wir aber wollen hier vor allem auf die Hauptfrage achten und uns in Kürze klar machen, um was es sich denn eigentlich handelt.

Es ist eine alte Behauptung der Logik, daß das Urteil wesentlich in einem Verbinden oder Trennen, in einem Beziehen von Vorstellungen aufeinander bestehe. Durch ein paar tausend Jahre fast einmütig festgehalten, hat sie auch auf andere Disciplinen Einfluß geübt. Und so finden wir von alters her bei den Grammatikern die Lehre, daß es keine einfachere Ausdrucksform des Urteiles gebe und geben könne als die kategorische, welche ein Subjekt mit einem Prädikate verbindet.

Daß die Durchführung Schwierigkeiten bereitete, konnte man sich allerdings nicht auf die Dauer verbergen. Sätze wie: es regnet, es blitzt, schienen sich nicht fügen zu wollen. Doch die Mehrzahl der Forscher war so festen Glaubens, daß sie sich in solchen Fällen nicht sowohl zum Zweifel an der allgemeinen Gültigkeit ihres Satzes, als vielmehr zur Suche nach dem nur scheinbar mangelnden Subjekte aufgefordert fühlte. Wirklich meinten dann viele, sie seien desselben habhaft geworden. Aber, in seltsamem Kontraste zu der bis dahin gezeigten Einigkeit, gingen sie nun in den mannigfachsten Richtungen auseinander. Und sehen wir uns die verschiedenen Erklärungsversuche im einzelnen mit einigermaßen prüfendem Blicke an, so begreifen wir leicht, warum keiner von ihnen dauernd zu befriedigen oder auch nur zeitweise alle Stimmen auf sich zu vereinigen vermochte.

Die Wissenschaft erklärt, indem sie eine Vielheit als Einheit begreift. Das hat man darum natürlich auch hier angestrebt; doch jeder Versuch ist gescheitert. Wenn man sagt: es regnet, so haben manche gemeint, das ungenannte mit dem unbestimmten „es" bezeichnete Subjekt sei Zeus; der Sinn sei: Zeus regnet. Aber wenn man sagt: es rauscht, so ist es offenbar, daß Zeus das Subjekt nicht sein kann. Und so haben denn andere geglaubt, das Subjekt sei hier das Rauschen, also der Sinn des Satzes: das Rauschen rauscht. Und beim vorigen Beispiele ergänzten sie dementsprechend: das Regnen oder der Regen regnet.

Wenn man nun aber sagt: es fehlt an Geld, so müßte folgerecht der Sinn sein: das Fehlen an Geld fehlt an Geld. Das geht aber nicht an. Und so erklärte man hier vielmehr, das Subjekt sei „Geld", und der Sinn des Satzes: Geld fehlt an Geld. Freilich war dies, genau besehen, ein bedenklicher Verstoß gegen die gewünschte Einheit der Erklärung. Und wenn man, ein Auge zudrückend, sich ihn vielleicht verbergen konnte, so gelang dies nicht mehr, wenn man auf Sätze stieß wie: es giebt einen Gott, wo man weder in dem Satze: das einen Gott Geben giebt einen Gott, noch in dem: das Geben giebt einen Gott, oder: Gott giebt einen Gott, zu einem annehmbaren Sinne gelangen konnte.

Hier mußte man also auf ein ganz anderes Erklärungsmittel sinnen. Aber wo wäre eines zu finden gewesen? Und wenn selbst auch hier der Scharfsinn etwas aufzutreiben vermöchte, was sollte uns dieses Abspringen von Fall zu Fall, das ja nur die Karikatur einer wahrhaft wissenschaftlichen Erklärung genannt werden könnte? Nein! keine einzige Bezeichnung des Subjektes, so viele ihrer bisher versucht worden sind, kann treffend genannt werden, wenn nicht etwa ein Wort von Schleiermacher. Denn wenn dieser Gelehrte (vgl. S. 16) sich wirklich dahin geäußert hat, das Subjekt in solchen Sätzen sei das Chaos, so dürfte der Ausspruch nicht sowohl wie ein Erklärungsversuch, als vielmehr wie ein Spott auf die bisher von Philologen aufgestellten Hypothesen zu fassen sein.

Manche Forscher sind darum der Meinung, daß das wahre Subjekt solcher Sätze wie: es regnet, es blitzt, bis zur Stunde noch nicht gefunden sei, und daß die Aufgabe, es zu suchen, noch heute der Wissenschaft vorliege. Aber wäre es nicht befremdlich, wenn die Auffpürung eines Subjektes, welches doch von jedem gedacht und unausgesprochen zu Grunde gelegt werden müßte, so ganz außerordentliche Schwierigkeiten bereiten sollte? Steinthal will dies daraus erklären, daß das grammatische Subjekt ein angedeutetes, aber als undenkbar angedeutetes Etwas sei. Aber mit Miklosich (S. 23) wird wohl noch mancher andere hierauf erwidern: „Wir werden wohl nicht zu viel sagen, wenn wir behaupten, mit Undenkbarem operiere die Grammatik nicht."

Die Totalität der Erscheinungen und das geradezu groteske Mißlingen eines jeden Bestimmungsversuches, wie oft und mit wieviel Scharfsinn er auch gemacht worden sei, sind denn auch die vor allem andern von Miklosich dafür geltend gemachten Gründe, daß das ganze angebliche Subjekt eines solchen Satzes ein Wahn, daß der Satz keine Verbindung von Subjekt und Prädikat, daß er, wie Miklosich sich ausdrückt, subjektlos sei.

Weitere Betrachtungen dienen dem zur Bestätigung, und unter ihnen ist eine Erwägung über die Natur des Urteiles als besonders bedeutend hervorzuheben. Miklosich bekämpft hier diejenigen, welche mit Steinthal jede Wechselbeziehung zwischen Grammatik und Logik in Abrede stellen, wehrt aber dann auch die Angriffe ab, die gerade auf Grund solcher Wechselbeziehung von Psychologen und Logikern gegen seine Lehre versucht werden könnten. Ja er kommt zu dem Ergebnisse, daß infolge der besonderen Eigentümlichkeit gewisser Urteile subjektlose Sätze von vornherein in der Sprache erwartet werden müßten. Es ist nämlich nach dem, was er ausführt, nicht richtig, daß in jedem Urteile Begriff auf Begriff bezogen wird. Oft wird nur eine einfache Thatsache darin anerkannt oder verworfen. Auch in solchen Fällen wird ein sprachlicher Ausdruck Bedürfnis sein, und es ist offenbar, daß derselbe nicht wohl in einer Verbindung von Subjekt und Prädikat wird bestehen können. Miklosich zeigt, wie schon wiederholt Philosophen zu dieser Erkenntnis geführt wurden, wie sie aber die Bedeutung ihrer Entdeckung gewöhnlich selbst nicht hinreichend gewürdigt haben. Sie waren sich über das, was sie Neues aussprachen, selbst nicht recht klar, und indem sie so, in selt=

samer Halbheit, zugleich noch an gewissen Resten der älteren Anschauung festhielten, begegnete es ihnen, daß sie das im Anfange Gesagte am Ende wesentlich wieder aufhoben. So wollte Trendelenburg in einem Satze wie: es blitzt, schließlich nicht eigentlich ein Urteil, sondern nur das Rudiment eines Urteiles ausgesprochen finden, welches dem Begriffe Blitz vorangehe, sich zu ihm fixiere, und dadurch erst das vollständige Urteil: der Blitz wird durch Eisen geleitet, begründe. Und Herbart erklärte zuletzt, Urteile wie: es rauscht, seien keine Urteile im gewöhnlichen Sinne, sie seien nicht das, was die Logik streng genommen ein Urteil nenne. Treffend sind die Bemerkungen, in welchen der Verfasser die Inkonsequenz dieser Philosophen rügt, und ihr Irrewerden an sich selbst auf ihre Verkennung des Wesens des Urteils und ihre fehlerhafte Definition desselben zurückführt. (S. 21 f.)

Nach allem dem hält Miklosich seine subjektlosen Sätze für vollkommen gesichert. Und nicht bloß ihre Existenz glaubt er außer Zweifel gestellt, sondern er zeigt auch, daß sie keineswegs so selten vorkommen, als man nach dem Streite, der um sie geführt werden mußte, glauben möchte. Ihre Mannigfaltigkeit veranlaßt ihn, im zweiten Teile der Abhandlung (S. 33 bis 72) die Hauptklassen übersichtlich zusammenzustellen, und wir finden da subjektlose Sätze mit einem Verbum activum, subjektlose Sätze mit einem Verbum reflexivum, subjektlose Sätze mit einem Verbum passivum und subjektlose Sätze mit dem Verbum esse aufgeführt, und jede der vier Klassen durch zahlreiche Beispiele aus den verschiedensten Sprachen erläutert. Namentlich gilt dies von der ersten Klasse, bei welcher er eine achtfache Untereinteilung macht, um die Sätze nach der Verschiedenheit ihres Inhaltes zu gruppieren. Als allgemeingültig bemerkt er (S. 6), daß das Verbum finitum der subjektlosen Sätze immer in der dritten Person des Singulars und, wo die Form des Genusunterschiedes fähig sei, im Neutrum stehe.

Auch in anderen Beziehungen verfolgt er die Sache weiter. Er führt aus, wie die betreffenden Sätze nicht später als die von einem Subjekt aussagenden entstanden, sondern ursprünglich in der Satzbildung aufgetreten (S. 13 ff., S. 19), wie sie aber im Verlaufe der Zeit aus manchen Sprachen verschwunden seien (S. 26). Er weist nach, wie diejenigen Sprachen, die sie sich bewahrt, hiedurch eines Vorzuges sich erfreuen, indem ihre Anwendung dem Ausdrucke eine besondere Lebhaftigkeit verleihen kann (S. 26), und er zeigt, wie auch in anderer Hinsicht subjektlose Sätze den mit ihnen für identisch gehaltenen kategorischen oft nicht ganz gleichgesetzt werden dürfen. „Ich friere" ist z. B. nicht völlig identisch mit „mich friert". Statt: was frierst du draußen? komme doch herein! kann man nicht sagen: was friert dich's draußen? u. s. w. „»Mich friert« kann nicht angewendet werden, wenn ich mich freiwillig dem Froste aussetze" (S. 37).

II.

Dies, in Kürze, ist der Inhalt der Schrift, über die ich mir nun noch ein paar kritische Bemerkungen erlaube.

Wie sehr die Abhandlung im allgemeinen und namentlich in ihrem Grundgedanken meinen Beifall hat, gab ich schon während des Berichtes genugsam zu erkennen. Die Beweise dafür scheinen mir in so zwingender Weise erbracht, daß auch der Widerstrebende sich der Wahrheit kaum wird verschließen können. Ich selbst aber war, unabhängig von ihnen, auf dem Wege rein psychologischer Analyse schon längst zu der gleichen Ansicht gelangt, wie ich sie denn auch, als ich im Jahre 1874 meine Psychologie herauszugeben begann, aufs entschiedenste öffentlich ausgesprochen habe.

Soviel ich mich aber dort auch bemühte, die Lehre ins volle Licht zu setzen und jede ältere Meinung als unhaltbar darzuthun: der Erfolg war bis jetzt ein geringer. Von ganz vereinzelten Stimmen abgesehen, habe ich ebensowenig die Philosophen, als Miklosich in seiner ersten Auflage die Philologen zu überzeugen vermocht. Wo ein Vorurteil durch Jahrtausende sich fest und fester eingewurzelt hat; wo eine Lehre selbst in die Volksschule eingedrungen ist; wo ein Satz als ein Fundamentalsatz betrachtet wird, auf dem vieles andere ruht und es sozusagen durch seine Schwere unverrückbar macht: da darf man nicht erwarten, daß die erbrachte Widerlegung sofort den Irrtum werde verschwinden lassen; im Gegenteil ist zu fürchten, daß man der neuen Ansicht zu viel Mißtrauen entgegenbringen werde, um ihre Gründe auch nur einer genaueren Aufmerksamkeit zu würdigen. Doch wenn zwei Forscher völlig voneinander unabhängig in ihrem Zeugnisse zusammenstimmen, wenn sie auf ganz verschiedenem Wege am gleichen Ziele angelangt sind: dann läßt sich hoffen, daß man diese Begegnung nicht ohne weiteres als Zufall betrachten und ihren beiderseitigen Erwägungen eine sorgsamere Beachtung schenken werde. Möchte sie Miklosich in dieser neuen Auflage, in der ich zu meiner Freude auch meine eigene Arbeit berücksichtigt fand, zu teil werden!

Neben der Übereinstimmung in der Hauptsache sind gewisse Meinungsverschiedenheiten in untergeordneteren Punkten von verschwindender Bedeutung. Immerhin will ich auch sie kurz namhaft machen.

Miklosich hat jene einfacheren Sätze, welche kein Subjekt mit einem Prädikate verbinden, und in deren Anerkennung ich mit ihm einig bin, „subjektlose Sätze" genannt. Daß er dies that, und die Gründe, warum er es that, kann ich nicht ganz billigen.

Subjekt und Prädikat sind korrelative Begriffe, die miteinander stehen und fallen. Ein Satz, der in Wahrheit subjektlos ist, muß ebensogut auch prädikatlos genannt werden können. Darum scheint es mir nicht ganz passend, wenn Miklosich solche Sätze immer nur als subjektlose, und geradezu unrichtig, wenn er sie als bloße Prädikatsätze bezeichnet (vgl. S. 3, S. 25, S. 26 u. ö.). Es könnte dies auf die Meinung führen, daß auch er einen zweiten Begriff (das Subjekt) unausgesprochen hinzugedacht glaube, wenn er dies nicht aufs entschiedenste in Abrede stellte (S. 3 f. u. ö.), oder daß er solche Sätze nur für verkümmerte kategorische Sätze und diese Form für die ursprüngliche halte, wenn er nicht auch dies ausdrücklich widerlegte (S. 13 ff.). Vielmehr scheint nur das seine Ansicht, daß der natürliche Fortschritt des Denkens und Sprechens von einem einfachen zu einem kategorischen Satze im allgemeinen in der Art gemacht werde, daß der in jenem allein enthaltene Begriff sich einen zweiten als Subjekt geselle. „Die subjektlosen Sätze", heißt es S. 25, „sind . . . Sätze, die nur aus dem Prädikate bestehen, aus dem, was in einer großen Anzahl von Sätzen in der natürlichen Gedankenbildung als das Prius anzusehen ist, wozu das Subjekt gesucht werden kann, aber nicht gesucht werden muß.

Aber auch dies dürfte kaum richtig sein, und schon der Ausdruck „Subjekt" scheint wenig dafür zu sprechen. Das, was zu Grunde gelegt wird, ist ja doch wohl das, was beim Aufbaue des Urteiles das erste ist. Auch die zeitliche Aufeinanderfolge der Worte stimmt schlecht damit überein; denn gewöhnlich beginnt man den kategorischen Satz mit dem Subjekte. Und ebenso kann man dagegen geltend machen, daß der Nachdruck vorzüglich auf das Prädikat zu fallen pflegt (was Trendelenburg dazu führte, das Prädikat als den Hauptbegriff zu bezeichnen, ja, mit einiger Übertreibung, zu sagen: „wir denken in Prädikaten", vgl. S. 19). Wenn der Prädikatsbegriff das ist, was neu hinzukommt, so wird er naturgemäß der Gegenstand des vorzüglicheren Interesses sein; gerade das Gegenteil aber müßten wir erwarten, wenn der Subjektsbegriff das neu hinzutretende Moment enthielte.

Man kann ebenso wahr sagen: ein Vogel ist schwarz, als: ein Schwarzes ist ein Vogel; Sokrates ist ein Mensch, als: ein Mensch ist Sokrates; aber schon Aristoteles bemerkte, nur die erstere Prädikation sei natürlich, die letztere der natürlichen Ordnung entgegen. Und dies ist wirklich insofern der Fall, als man naturgemäß den Terminus zum Subjekte macht, auf welchen man zuerst hinblickte, da man das Urteil bildete, oder auf welchen der Angeredete zunächst achten soll, um den Satz zu verstehen oder sich von seiner Wahrheit oder Falschheit Kenntnis zu verschaffen. Man kann sich vom Dasein eines schwarzen Vogels überzeugen, indem man ihn unter den Vögeln oder unter den schwarzen Gegenständen sucht; besser aber unter den ersten. Und so kann man sich auch leichter überzeugen, ob ein Individuum unter eine Art oder Gattung gehört, wenn man seine Natur zergliedert, als wenn man den Umfang des betreffenden Allgemeinbegriffes durchläuft. Die Fälle der Ausnahme bestätigen hier deutlich die Regel und ihre Begründung, wie z. B. wenn ich sage: dort ist etwas Schwarzes, dieses Schwarze ist ein Vogel, wo ich eben deshalb, weil ich zunächst die Farbe erkannt habe, sie in dem darauf gebildeten kategorischen Satze naturgemäß zum Subjekte mache.

Von den beiden kategorischen Soriten, dem Aristotelischen und Goclenianischen, macht der erstere in jedem folgenden Gliede den Terminus, den es mit dem vorhergehenden gemein hat, zum Subjekte, der letztere zum Prädikate. Jener erscheint aber eben darum als der natürlichere und wird allgemein als der ordentliche, dieser als der umgekehrte Kettenschluß bezeichnet. So werden wir denn gewöhnlich auch da, wo wir auf einen Satz ohne Begriffsverknüpfung einen kategorischen, der einen Terminus mit ihm gemein hat, folgen lassen, diesen dann nicht als Prädikat, sondern als Subjekt verwenden, und man könnte darum eher sagen, daß ein Prädikat zum Subjekte, als daß ein Subjekt zum Prädikate gesucht worden sei. Z. B.: es rauscht; das Rauschen kommt von einem Bache. Es donnert; der Donner verkündet ein nahendes Gewitter. Es riecht nach Rosen; dieser Rosengeruch kommt aus dem Nachbargarten. Es wird gelacht; das Gelächter gilt dem Hanswurste. Es fehlt an Geld; dieser Geldmangel ist die Ursache der Stockung der Geschäfte. Es giebt einen Gott; dieser Gott ist der Schöpfer des Himmels und der Erde u. s. w. u. s. w.

Nur in einem Sinne scheint mir darum der Ausdruck „subjektloser Satz" sich rechtfertigen und vielleicht sogar empfehlen zu lassen; wenn man nämlich darauf Rücksicht nimmt, daß der darin enthaltene Begriff, als einziger, natürlich auch der Hauptbegriff ist, als welchen wir im kategorischen Satze das Prädikat erkannten. Ganz ähnlich dürfte man ja auch von den kategorischen Sätzen im Verhältnisse zu den hypothetischen viel eher sagen, daß sie vordersatzlose Sätze, als daß sie Sätze ohne Nachsatz seien; nicht als ob, wo von keinem Vordersatze, noch von einem Nachsatze gesprochen werden könnte, sondern weil im hypothetischen Satzgefüge der Nachsatz eben der Hauptsatz ist. In dieser Weise also könnte ich mich in dem Ausdrucke „subjektlose Sätze" mit dem Verfasser vielleicht einigen.

Ein anderer Punkt aber, in welchem ich ihm nicht wohl beizupflichten vermag, ist die Frage, in welchem Umfange subjektlose Sätze anwendbar seien. Mit Recht betont Miklosich, daß die Grenzen hier keineswegs eng gezogen werden dürften. Aber er glaubt — und gerade sein Versuch einer Übersicht und Einteilung des mannigfachen darin ausdrückbaren Inhaltes zeigt dies aufs deutlichste — daß solche Grenzen doch jedenfalls bestünden. Dies scheint mir nun aber nicht richtig. Die Anwendbarkeit der subjektlosen Form dürfte vielmehr streng genommen eine unbegrenzte sein, indem, wie ich schon in meiner Psychologie nachgewiesen zu haben glaube, jedes Urteil, möge es in kategorischer oder hypothetischer oder disjunktiver Form ausgesprochen werden, sich ohne die geringste Änderung des Sinnes auch in die Form eines subjektlosen oder, wie ich mich ausdrückte, eines Existentialsatzes kleiden läßt. So ist der Satz: irgend ein Mensch ist krank, synonym mit: es giebt einen kranken Menschen; und der Satz: alle Menschen sind sterblich, synonym mit: es giebt nicht einen unsterblichen Menschen, u. dgl.*.

---

* Nachträgliche Bemerkung:

Was ich hier von der allgemeinen Verwendbarkeit der existentialen Formel sage, gilt nur mit der einen, selbstverständlichen Beschränkung auf wahrhaft und vollkommen einheitliche Urteile. Als Ausdruck solcher Urteile hat die Logik von je her die kategorische Formel gebraucht; das Leben wendet sie oft auch als Ausdruck einer Mehrheit aufeinander gebauter Urteile an. So deutlich in dem Satze: dies ist ein Mensch. In dem hinweisenden „dies" liegt schon der Glauben an die Existenz eingeschlossen; ein zweites Urteil spricht ihm dann das Prädikat „Mensch" zu. Ähnliches geschieht auch sonst häufig. Meiner Meinung nach war es die ursprüngliche Bestimmung der kategorischen Formel, solchen Doppelurteilen, die etwas anerkannten und anderes ihm zu- oder absprachen, zu dienen. Ich glaube auch, daß die existentiale und impersonale Formel durch Funktionswechsel aus ihr hervorgegangen sind. Dies ändert nichts an ihrer wesentlichen Be=

Und noch in einer andern Beziehung scheint mir Miklosich die Anwendbarkeit seiner subjektlosen Sätze zu sehr beschränkt zu haben. Wir hörten von ihm, daß solche Sätze „ein Vorzug der Sprache" seien, „dessen sich entfernt nicht alle Sprachen rühmen könnten" (S. 26). Dies scheint indessen kaum glaublich, wenn es richtig ist, was er selbst an anderer Stelle so überzeugend nachweist, nämlich daß es Urteile giebt und von Anfang an gegeben hat, in welchen nicht zwei Begriffe aufeinander bezogen werden, und die darum auch unmöglich durch die Verbindung eines Subjekts mit einem Prädikate ausgedrückt werden können (vgl. S. 16). Denn hieraus wird nicht bloß mit Miklosich die notwendige Existenz subjektloser Sätze überhaupt, sondern dann auch weiter noch gegen ihn die Existenz solcher Sätze in allen Sprachen gefolgert werden müssen.

Daß der Verfasser sich hierüber täuschte, scheint sich mir zum Teil wenigstens daraus zu erklären, daß er, um ja recht vorsichtig zu sein und für seine These kein Beispiel unberechtigt in Anspruch zu nehmen, gewisse Sätze, die in Wahrheit subjektlos sind, nicht als solche geltend zu machen wagte. Wir hörten, wie Miklosich die Meinung aussprach, daß das Verbum finitum der subjektlosen Sätze immer in der dritten Person des Singulars und, wo die Form des Genusunterschiedes fähig sei, im Neutrum stehe. Dies war wohl sicher eine zu enge Umgrenzung, die er auch selbst, freilich erst an einer viel späteren Stelle, im zweiten Teile der Abhandlung durchbricht, wenn er sagt: „In »es ist ein Gott« wird der Begriff ›Gott‹ absolut, ohne Subjekt aufgestellt; ebenso: »es sind Götter«." Und er fügt hier bei: „Das »ist« des Existentialsatzes tritt an die Stelle der sogenannten Kopula ›ist‹, die, in vielen, bei weitem nicht in allen Sprachen zur Aussage unentbehrlich, dieselbe Bedeutung hat wie die Personalendung der Verba finita, wie »es ist Sommer, es ist Nacht« neben »es

---

sonderheit; eine Lunge ist keine Fischblase, auch wenn sie genetisch aus ihr hervorgegangen ist, und das Wörtchen „kraft" darum nicht minder eine bloß synkategorematische Partikel (vgl. Mill, Logik I, 2 § 2), weil sie von einem Hauptwort ihren Ursprung herleitet.

sommert, es nachtet« deutlich zeigen. »Ist« ist demnach kein Prädikat" (S. 34, vgl. übrigens auch S. 21 oben). In der That, wenn der Satz: es giebt einen Gott, so wird auch der Satz: es ist ein Gott, dann aber auch der Satz: es sind Götter als subjektlos zu betrachten sein, und die früher aufgestellte Regel hat sich als zu eng erwiesen. Damit aber, daß die Existentialsätze (und etwaige analoge Gebilde) alle zu den subjektlosen Sätzen zu rechnen sind, dürfte, was wir oben darthun wollten, sich bestätigen, daß es nämlich wohl keine Sprache giebt noch geben kann, die dieser einfachsten Sätze ganz entbehrte. Nur einige besondere Arten des subjektlosen Satzes dürften demnach das sein, was wir hier mit Miklosich als den eigentümlichen Vorzug gewisser Sprachen anerkennen müssen.

Dies etwa sind die Ausstellungen, die ich zu machen für nötig hielt. Man sieht, daß sie, wenn sie richtig befunden werden, sowenig den Hauptgedanken des Verfassers in seiner Richtigkeit oder in seinem Werte beeinträchtigen, daß sie ihn vielmehr eine noch erweiterte Bedeutung gewinnen lassen. Und so schließe ich denn mit dem erneuerten Wunsche, es möge die inhaltreiche kleine Schrift, die bei ihrem ersten Erscheinen nicht allgemein genug beachtet worden ist, in dieser zweiten Auflage, die einzelnes berichtigt, vieles erweitert und namentlich die kritischen Einwände von Gelehrten wie Benfey, Steinthal und anderen in lakonischer Kürze, aber mit wahrer dialektischer Kraft widerlegt, jene Teilnahme finden, welche die Wichtigkeit der Frage und die treffliche Durchführung der Untersuchung verdienen.

Printed by Libri Plureos GmbH
in Hamburg, Germany